"四下基层"的实践与经验

任初轩 编

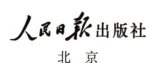人民日报出版社

北京

图书在版编目（CIP）数据

"四下基层"的实践与经验 / 任初轩编 . —北京：
人民日报出版社，2024.3
　　ISBN 978-7-5115-8237-9

　　Ⅰ . ①四… 　Ⅱ . ①任… 　Ⅲ . ①基层工作－中国－文集
Ⅳ . ① D630.3-53

　　中国国家版本馆 CIP 数据核字（2024）第 052722 号

书　　　名："四下基层"的实践与经验
　　　　　　SIXIAJICENG DE SHIJIAN YU JINGYAN
作　　　者：任初轩

出 版 人：刘华新
策 划 人：欧阳辉
责任编辑：周海燕　刘君羽
封面设计：元泰书装

出版发行：人民日报出版社
社　　　址：北京金台西路 2 号
邮政编码：100733
发行热线：（010）65369509　65369527　65369846　65363528
邮购热线：（010）65369530　65363527
编辑热线：（010）65369518
网　　　址：www.peopledailypress.com
经　　　销：新华书店
印　　　刷：大厂回族自治县彩虹印刷有限公司
法律顾问：北京科宇律师事务所　（010）83622312

开　　　本：710mm×1000mm　1/16
字　　　数：183 千字
印　　　张：14.75
版　　　次：2024 年 3 月第 1 版
印　　　次：2024 年 3 月第 1 次印刷

书　　　号：978-7-5115-8237-9
定　　　价：48.00 元

序 言

持续落实"四下基层" 走好新时代党的群众路线

人民日报社副总编辑 方江山

群众路线是我们党的生命线和根本工作路线，是我们党永葆青春活力和战斗力的重要传家宝。党的十八大以来，我们党先后开展的一系列集中学习教育，一个重要目的就是教育引导全党牢记中国共产党是什么、要干什么这个根本问题，始终保持党同人民的血肉联系。在全党深入开展学习贯彻习近平新时代中国特色社会主义思想主题教育之际，中共福建省委、人民日报社共同举办"'四下基层'与新时代党的群众路线理论研讨会"，很有意义。

福建是习近平新时代中国特色社会主义思想的重要孕育地和实践地。习近平总书记在福建工作期间，创造性提出了"四下基层""四个万家""马上就办、真抓实干""弱鸟先飞、滴水穿石""久久为功"等一系列重要理念并在实践中取得重要成果。这些重要成果生动体现了习近平总书记的领袖风范和赤诚情怀，深刻反映了马克思主义立场、观点、方法和中国共产党人的精神品格，为习近平新时代中国特色社会主义思想的创立提供了不可或缺的源头活水，也为我们深入学习领会习近平新时代中国特色社会主义思想提供了鲜活教材。

领导干部"宣传党的路线、方针、政策下基层，调查研究下基层，信访接待下基层，现场办公下基层"的"四下基层"，是习近平总书记在福建宁德地委工作时身体力行、大力倡导并培育形成的工作方法和工作制度，是践行党的群众路线的重大创举，是做好群众工作的金钥匙，是克服形式主义、官僚主义的利器。领导干部"四下基层"科学回答了为什么要做好群众工作、什么是好的群众工作以及如何做好群众工作等重要问题，生动诠释了党的群众观点与群众工作的有机统一。

领导干部"四下基层"是习近平总书记在宁德工作期间通过率先垂范开创培育的宝贵精神财富和制度成果。它不是一句简单的口号，而是习近平总书记用桃李不言下自成蹊的示范行动为我们树起来、立起来的。想当年，习近平总书记带头下基层宣讲、调研、接访、办公，带头沉下身到最偏远、最困难的地方，踏遍了地处闽东的宁德山山水水，留下了许多动人佳话。进一步传承和弘扬"四下基层"优良传统，有助于更加深刻地学习体悟人民领袖来自人民、热爱人民、服务人民的崇高风范，更加深刻地读懂"我将无我，不负人民"的铮铮誓言，更加深刻地领悟"两个确立"的决定性意义，进一步增强从政治上、思想上、行动上坚决做到"两个维护"的高度自觉。

35年来，从倡导"到农村去宣传党的农村政策"，到"要亲力亲为，既要做实干家，又要做宣传家，带头宣讲""让党的创新理论'飞入寻常百姓家'"；从"开展调查研究，解剖麻雀，总结经验，以指导面上的工作，同样是办实事"，到党中央在十八大后出台八项规定，第一条就是"要改进调查研究"，之后又提出并强调"在全党大兴调查研究之风"；从"信访工作的首义，在于时刻把自己看成人民中的一员，把心贴近人民"，到"信访是送上门来的群众工作"；从"地县领导到基层去现场办公"，到"要真正沉下去，扑下身子到村里干，同群众一起干"……领导干部"四下基层"这一我们党密切联系群众的实践创造、重大创举，不仅在八闽大地落地生根、薪火相传，构筑起一座座干部和群众之间的"连心桥"，其所彰显的根本立场、所蕴含的精神内涵、所体现的价值追求、所运用的科学方法，更在广袤的中华大地上开花结果、发扬光大，为我们走好新时代党的群众路线提供了智慧经验和科学启示。

今天，我们举办"'四下基层'与新时代党的群众路线理论研讨会"，全面回顾"四下基层"提出的时代背景、历史过程，全面总结"四下基层"产生的示范效应、深远影响，全面系统梳理"四下基层"的生成逻辑、内涵要义、实践经验，全面展望"四下基层"在新时代新征程上的发展方向、创新空间，有利于深入学习领会习近平总书记关于坚持以人民为中心的发展思想的重要论述，进一步传承和弘扬"四下基层"优良传统，持续改进作风，纠治形式主义、官僚主义，走好新时代党的群众路线，为凝心聚力以中国式现代化全面推进强国建设、民族复兴伟业提供智力支持、学理支撑。

借此机会，我向大家汇报 3 点粗浅体会。

一、深刻感悟"四下基层"深远历史意义和现实指导意义

今天，我们走在强国建设、民族复兴的康庄大道上，更加真切地感受到，领导干部"四下基层"是习近平总书记在宁德播下的"种子"，是留给闽东人民的宝贵财富。这颗继承了马克思主义群众观、创新了中国共产党人群众路线、提供了为人民服务最直接最有效办法的"种子"，经过 35 年的发芽、出苗、生长、开花、结果，被八闽大地的领导干部长期坚持、传承弘扬、常抓不懈，已经优化成了具有非凡生命力的"种子"，播撒向广袤的神州大地。

在主题教育深入开展之际，我们来到福建，切实感受到，福建牢牢把握新时代新实践新要求，坚持把"四下基层"作为开展主题教育的重

要抓手，加强与主题教育重点措施的衔接联动、贯通落实，推动"四下基层"内涵不断拓展、载体更加丰富、措施日益完善、成效持续显现，努力让这一源于宁德、兴于福建、走向全国的工作方法、工作制度，持续绽放璀璨的时代光芒。

领导干部"四下基层"，既是理论创新，也是实践探索，既体现了对群众工作的规律性认识，也打开了更广阔的执政为民的发展空间。领导干部"四下基层"是习近平总书记关于党的群众路线系列重要论述的重要内容，既回答了走好新时代党的群众路线的根本问题，也蕴含着新时代新征程上树牢群众观点的重要方法论，具有超越时空、历久弥新的真理价值和指导意义。

我们要深入学习领会"四下基层"所蕴含的高超政治智慧、非凡战略眼光、深厚为民情怀、实干担当精神和科学思维方法，全面认识、准确把握"四下基层"的根本要求、目标指向、方法途径，在深刻感悟"四下基层"深远历史意义和现实指导意义中奏响贯彻新时代党的群众路线的时代更强音。

（一）"宣传党的路线、方针、政策下基层"从"声边"到"身边"，生动体现了始终聚力于民的独特优势

深入宣传党的路线、方针、政策，是党的工作中一项不可小看、有重大原则意义的重要内容，是党在不同时期一以贯之的重要工作。政策宣讲的过程不仅仅是单向的政策解释和说明，还是获得来自群众的反馈的重要途径，因而也是重要的政治沟通双向互动过程。回望党的百余年奋斗历程，根据社会主要矛盾、中心任务的变化来制定宣传党的路线、方针、政策，用科学方法和有效方式让其被广大人民群众所掌握，进而动员激励广大人民群众为之奋斗，是我们党的优良传统和政治优势，也是我们巩固党的群众基础和执政基础的重要方式。

1988 年 6 月至 1990 年 5 月，习近平同志先后 6 次到宁德师专（现宁德师范学院）调研指导，并两次为师生作形势政策报告。报告会上，习近平同志阐述了中美农业发展水平的差异，介绍了地处闽东的宁德扶贫工作，勉励同学们"积极投身到改革、建设的洪流中，在实践中施展自己的才华，实现自己有意义的人生价值"。突出"沉下去""面对面""零距离"方式，强调"一般和个别""领导和群众"结合，把党的路线、方针、政策送到千家万户中、送进群众心坎里、转化为群众自觉行动，进而教育引导、组织动员群众，是习近平同志系统阐述"四下基层"时摆在突出位置的重要工作。1989 年 2 月 23 日上午，造林大户、"绿了荒山白了头"的农民黄振芳与其他 7 位农民代表在宁德地区行署会议厅里作报告，对象就是宁德地直机关副科级以上的干部。习近平同志让农民给干部作形势报告的做法启示我们：让党的路线、方针、政策为广大人民群众所掌握，就要创新方式方法，让群众自己成为"宣讲员"，用一村、一户、一人的变化来充分展现党的路线、方针、政策给大家生活带来的巨大转变。

35 年来，我们深刻感受到，党的路线、方针、政策宣传向基层延伸的实践脚步始终不停歇，让党的"好声音"唱响基层每个角落的探索努力一直在路上。党的二十大胜利闭幕后，从北疆大地到彩云之南，从黄土高坡到雪域高原，从中央宣讲团到各地区各部门宣讲队伍，广大领导干部进机关、进企事业单位、进城乡社区、进校园、进军营、进各类新经济组织和新社会组织、进网站，统筹内宣外宣、结合网上网下、创新方式方法，用接地气的形式宣讲党的政策主张，以生动的群众语言让党的创新理论走进百姓心田……这些只是党的二十大精神宣讲的一个缩影，反映的是，宣传党的路线、方针、政策下基层已经成为一项普遍的原则、一个基本的要求，广大领导干部始终把"到群众中去"放在心头，善于以更强的吸引力、感染力宣传党带领人民取得的伟大成就、成功经验，展示中国道路的光明前景、中国制度的显著优势、中国发展的世界贡献，把新时代党的基本理论、基本路线、基本方略转化为人民群众心中的主旋律、正能量，从而把士气鼓舞起来、精神振奋起来，把党的正确主张转变为人民群众的自觉行动。

（二）"调查研究下基层"化"脚力"为"能力"，生动体现了始终问计于民的科学方法

调查研究是我们党的基本工作方法，也是我们党的优良传统和作风。习近平同志强调的"调查研究下基层"点明了调查研究要取得实在成效的关键所在。调查研究的目的是"一切为了群众"，调查研究的过程就是"从群众中来，到群众中去""密切联系群众"的过程。做好调查研究就要沉下身子，有眼睛向下的决心和甘当小学生的精神，走出院子、走下车子、迈开步子，走进工厂车间、田间地头、校园讲堂、居民社区，和群众同坐一条板凳。脚下沾有多少泥土，心中就沉淀多少真情。

1988年6月，习近平同志一到宁德赴任，就一头扎进了基层。前两个月尤其是第二个月的调研，基本是2天一个县，每个县的主要乡镇、村庄，他都要走一走。习近平同志经常说："我们一切工作，基层最重要""基层是第一线，也是前线，也是火线"。习近平同志在宁德工作期间，从"二到九仙村""二进下党"，到"三上毛家坪""四到坦洋"，从"洪口调研"到足迹遍布"闽东九县"，在不到两年的时间里几乎跑遍了全地区乡镇。仅仅到基层还不够，习近平同志还坚持到百姓生活、工作的地方看一看、聊一聊，车间码头、田间地头、市场社区都是他了解社情民意、听取意见建议的"信息源""百宝箱"。在宁德工作期间，习近平同志深入贫困乡村，和当地群众一起用手抓着吃"糯米糍"，喝老百姓端来的艾叶冲蛋，百姓们都说"这个书记可真好接待"。可以

说，"下基层去""到群众中去"正是习近平同志调查研究的鲜明特点。扑下身子、深入基层的调查研究，不仅推动了我们党调查研究方法的创新，也是新时代党员干部有效提高调查研究能力的生动体现。在广泛深入群众的过程中，既了解了人民群众的真实情况、真实想法、真实需求，也收获了人民群众的真知灼见、智慧力量；既加强了与人民群众心连心的血肉联系，也提高了为人民群众办实事、解难题的能力本领。

35 年来，我们深刻感受到，"调查研究是谋事之基、成事之道，没有调查就没有发言权，没有调查就没有决策权"已经深深植根于每个党员领导干部心中。好的调查研究，不仅要多听，以兼听则明的态度，谦虚听取干部群众的表扬肯定，听得进干部群众基于不同的体验、经验、经历、阅历、见识、学识、视角、立场等而提出的建议乃至批评，真正把情况摸清、摸实、摸透，还要在多听多看的基础上多想，在深入分析思考上下功夫，去粗取精、去伪存真，由此及彼、由表及里，找到事物的本质和规律，找到解决问题的办法。今天，从既要"身入"基层，到更要"心到"基层，从近的远的都要去，到好的差的都要看，从听真话、察真情，到真研究问题、研究真问题，中国共产党人的调查研究不仅常态化制度化，而且注重把调查研究与推动工作统一起来，使调查研究的过程成为加深对党的创新理论学习领悟的过程，成为保持同人民群众血肉联系的过程，成为提高认识能力、判断能力、工作能力的过程，成为推动事业发展的过程。一次次深入群众、求真务实，一次次深入基层、风雨兼程，用脚步丈量大地，用真心听取意见，才能在倾听民声、问计于民中获得取之不竭、用之不尽的源头活水。

（三）"信访接待下基层"变"坐诊"为"出诊"，生动体现了始终心系于民的真挚情怀

信访是社情民意的"晴雨表"，是群众急难愁盼的"汇集地"。信访

工作是党的群众工作的重要组成部分，是了解社情民意的重要窗口，是我们党了解民情、集中民智、维护民利、凝聚民心的一项重要工作。在习近平总书记心中，"信访是送上门来的群众工作"，习近平同志强调的"信访接待下基层"，就是要变群众上访为领导下访，要领导"走出门"来主动"迎接""送上门的群众工作"，摸清群众愿望和诉求，着力把矛盾化解在源头，更好为群众服务。

1988年12月20日，霞浦县公交公司职工舒穗英听说会有"大官"来帮群众解决困难，就来到了宁德地区首次"地县领导接待群众来访日"活动现场，地委书记习近平同志不仅向她详细了解有关情况，还提出处理意见，同时要求"信访制度和下基层开展信访接待日活动的制度要坚持下去"。从此，每月20日成为宁德地县乡三级领导接待群众来访日，这个日子被干部称为"服务日""公仆日"，被群众称为"连心节"。

35年来，我们深刻感受到，广大领导干部深入落实信访接待下基层，矛盾排解在一线，畅通群众利益诉求表达渠道，推动了领导干部改进工作作风、时刻保持着同人民群众的血肉联系。今天，无论是定期接访、主动回访的制度安排，还是带案下访、重点约访的创新举措，都是信访接待下基层的重要方式。要求"靠前接访、靠前处置"，聚焦"第一时间、第一现场"，强调"关口前移、重心下沉"，探索"未访先办、主动要办"，不再是领导干部"很少主动去抓这种事"，而是我们不断开创信访工作新局面的必答题。曾经急难愁盼的难点、痛点、堵点问题得到靶向治理，广大党员干部深刻认识到，变群众"上访"为干部"下访"，叩问的是坚持以人民为中心的根本立场，是真正把解决信访问题过程作为践行党的群众路线、做好群众工作的重要路径。

（四）"现场办公下基层"从"机关会场"到"基层现场"，生动体现了始终取信于民的务实品格

江山就是人民，人民就是江山。中国共产党把为民办事、为民造福作为最重要的政绩，把为老百姓办了多少好事实事作为检验政绩的重要标准。如何时刻保持同人民群众的血肉联系、如何坚持不懈为群众办实事做好事、如何以实实在在的成效赢得人民信任和支持，始终是领导干部需要认真解答的"时代考题"。习近平同志强调的"现场办公下基层"给这个"时代考题"作出了最有力的回答：化被动服务为主动服务，着力解决群众反映的突出问题，为群众办实事办好事，进一步密切党群关系。

1988 年底，习近平同志采用"拉练"的方式，到宁德的 9 个县开现场会。1989 年 7 月 19 日，习近平同志乘车近 3 个小时，又顶着炎炎烈日，徒步 2 个多小时到不通公路的寿宁县下党乡现场办公。从现场办公提出支持下党乡自建水电站让乡里通上电，到在三坊七巷召开文物工作现场办公会要求暂缓拆迁并对故居进行修缮；从现场办公解决驻闽某部队官兵困难，到参加省委、省政府召开的福州开发区现场办公会力推"马上就办"……习近平同志用自己的行动践行着"当县委书记一定要跑遍所有的村，当地（市）委书记一定要跑遍所有的乡镇，当省委书记一定要跑遍所有的县市区"的庄严承诺。"现场办公下基层"转会场为现场，用走心换民心，坚持特事特办、急事急办，把切入点变成了制高点、把受力点变成了突破点、把关键点变成了支撑点，不仅拉近了机关与基层、领导与群众的距离，更解了民忧、惠了民生、暖了民心。

35 年来，我们深刻感受到，中国共产党就是为人民谋幸福的，人民群众什么方面感觉不幸福、不快乐、不满意，我们就在什么方面下功

夫，千方百计为群众排忧解难。群众利益无小事，群众心中有杆秤，只有努力为群众做好事实事，真正让群众得实惠享福祉，才能以实干实绩取信于民。今天，"现场办公会"处处开花、"一线办公法"成为常态，广大领导干部把求真务实、真抓实干的精神贯彻到为民办实事的具体工作之中，通过直奔一线察实情、现场办公解难题、"马上就办"抓落实，不喊空口号，不搞花架子，不断提升人民群众的获得感幸福感安全感，人民群众与我们党更加心相系、情相连。

二、持续落实"四下基层"，走好新时代党的群众路线

走好新时代党的群众路线，既是坚持大抓基层的鲜明导向、增强服务群众本领的必然要求，也是把各领域广大群众组织凝聚起来、有效实现党的领导的必然要求，更是真正把自己当作群众的一员、把群众的事当作自己的事，树牢群众观点、贯彻群众路线、以对群众的真情实感始终践行党全心全意为人民服务根本宗旨的必然要求，是继往开来的新课题，也是对责任担当的新考验。

现在，群众工作对象更加多元，群众诉求更加多样，群众工作环境更加复杂。互联网是做好新时代群众工作的重要阵地，也是重要手段。这就要求我们深入研究和准确把握新形势下群众工作的特点和规律，改进群众工作方法，提高群众工作水平。领导干部"四下基层"是一个具有多重价值与综合效能的好机制、大平台。我们要把"四下基层"作为走好新时代党的群众路线的一项基础性制度和一项最基本工作，久久为功、做深做实，充分发挥其对党和人民事业的多方面价值和作用。我们要充分发挥"四下基层"对于深刻领悟"两个确立"的决定性意义、坚决做到"两个维护"，对于锤炼干部队伍、加强党的建设，对于办好民生实事、增进群众福祉，对于加强基层建设、提升基层治理水平，对于

大兴调查研究、科学民主决策，对于凝聚党心民心、巩固思想共识的重要价值和作用，着力增强政治自觉、思想自觉和行动自觉，坚持大抓基层的鲜明导向，传承和弘扬"四下基层"优良传统，奋力谱写走好新时代党的群众路线新篇章。

（一）始终坚持以人民为中心的发展思想，持之以恒自觉扎根群众

密切联系群众是由中国共产党的性质、宗旨和使命所决定的，也是我们党在长期革命斗争中形成并坚持的优良作风。我们要从初心使命的高度来认识为什么要提倡党员干部苦练密切联系群众这个基本功。"四下基层"为何而作、何以能成？就是因为我们的党员干部有群众立场，有为民初心，有行动自觉。"四下基层"恰恰回答的就是怎么打破党和人民群众之间看不见的"墙"的问题，恰恰找到的就是通过"走出去""走下去""走进去"畅通和拓宽同人民群众联系渠道的有效方法。可以说，习近平同志身体力行并倡导推动"四下基层"，始终是以坚持以人民为中心为最高价值来追求的，也始终是站在继承和发扬党的优良作风的高度来推进的。

进一步传承和弘扬"四下基层"优良传统，就要更加深刻认识到必须牢牢站稳人民立场，把人民至上理念内化于心、外化于行。我们要把人民放在心中最高位置，全面贯彻以人民为中心的发展思想，坚持发展为了人民、发展依靠人民、发展成果由人民共享，坚定不移走全体人民共同富裕道路。要始终与人民同呼吸、共命运、心连心，把人民拥护不拥护、赞成不赞成、高兴不高兴、答应不答应作为衡量一切工作得失的根本标准。

（二）始终坚持把人民对美好生活的向往作为奋斗目标，持之以恒用心服务群众

走好新时代党的群众路线的实践导向、目标指向和目的所在，就是不断满足人民日益增长的美好生活需要。能否忠实践行党的群众路线和根本宗旨，事实上考验着领导干部的能力水平，而这个能力水平是要靠全心全意、尽心竭力、坚持不懈为民办事来提升的。"四下基层"之所以能深受老百姓好评，不断焕发生命力，就是因为它高度注重在深入实际中为民办实事，解决群众的具体困难和问题。1989年7月21日晚，下党乡发生了百年不遇的洪水灾害，灾情严重。26日晚，习近平同志冒雨步行3公里、走了1个多小时赶到受灾最重的下屏峰村察看灾情，慰问受灾群众，现场办公决定给予专项建设资金，陆续解决道路、防洪堤、学校等建设问题……习近平同志用实际行动充分表明了为群众办实事，就要扎扎实实、坚持不懈、久久为功；人民群众是最朴实、最可爱的，他们不但要听"唱功"，更要看"做功"。

进一步传承和弘扬"四下基层"优良传统，就要为实现好、维护好、发展好最广大人民根本利益而不懈奋斗。新时代以来，我们党团结带领人民不断为美好生活而奋斗，如期打赢脱贫攻坚战，多措并举发展全过程人民民主、维护社会公平正义，着力解决发展不平衡不充分问题和人民群众急难愁盼问题，持续保障和改善民生，推动全体人民共同富裕取得更为明显的实质性进展。面向未来，我们要顺应人民群众对美好生活的向往，积极回应人民群众在就业、收入分配、教育、社保、医疗、住房、养老、扶幼等方面的更高期盼，把握人民群众在民主、法治、公平、正义、安全、环境等方面的更高要求，把为民办事、为民造福作为奋进动力和最大政绩，不断提高人民生活品质、增进民生福祉，让人民群众获得感成色更足、幸福感更可持续、安全感更有保障。

（三）始终坚持人民群众是历史创造者的观点，持之以恒紧紧依靠群众

历史唯物主义认为，人民群众是历史的创造者。中国共产党人深刻

认识到，规律性的东西蕴藏在广大群众的实践中。党的百余年奋斗历史充分证明，是不是尊重人民群众的实践，能不能深入群众做艰苦的工作，激发群众的积极性、主动性、创造性，是党的群众路线能不能走深走实的关键所在。习近平同志在宁德大力倡导和实践"四下基层"，为发动群众、依靠群众提供了示范、作出了表率。习近平同志在离任宁德给地直机关领导干部临别赠言中表示："我在闽东工作的近两年里，尽管也看到了落后的一面，看到了存在的困难和问题，感到自己肩上的重担，同时我也看到了'不耻落后，意气奋发，放胆开拓，争先创优'的闽东风格。正是这种精神，深深地感染了我，给我带来了无穷的力量和勇气，给我留下了美好的回忆。""四下基层"之所以能常态化、出成效，就是因为其中蕴含着深刻的道理：党员领导干部不是百事通，不是万能的，要做群众的学生，要放下架子，甘当小学生，多同群众交朋友，多向群众请教。

进一步传承和弘扬"四下基层"优良传统，就要坚持人民主体地位，充分调动广大人民群众参与改革发展的积极性、主动性、创造性。我们要紧紧依靠人民，把问政于民、问需于民、问计于民贯穿到作决策、定政策、办事情的全过程，尊重人民群众主体地位和首创精神，把广大群众的创业热情、创造活力充分激发出来、释放出来。广大党员干部要坚持深入群众、扎根基层，虚心向群众学习，倾听基层呼声，从人民群众实践中汲取推进改革发展的智慧和力量。

（四）始终坚持创新体制机制和方式方法，持之以恒善于组织动员群众

我们党最大的政治优势是密切联系群众，执政后最大的危险是脱离群众；如果党脱离群众，就会失去群众的支持，从根本上失去先进性，最终会失去执政资格。践行党的群众路线一直是进行时。适应新形势新

情况新特点，不断推进群众工作创新发展，是新时代践行党的群众路线的基本要求和重要举措。"四下基层"就是因为有效发挥强化政治引领、思想凝聚作用，把党的正确主张变为群众的自觉行动，用群众喜闻乐见、易于接受的方式方法开展工作，才能有用、有力、有效，才能不断创造出新的实践经验、发挥新的更大作用、取得新的突破进展。

进一步传承和弘扬"四下基层"优良传统，就要准确把握新形势下群众工作的特点规律，增强宣传教育、组织动员群众的亲和力感召力影响力，健全完善上下联动、各方配合、合力推动的工作体制和运行机制，推进体系化、网络化管理，进一步增强群众工作主动性、针对性和实效性。要善于把党的优良传统和新技术新手段结合起来，丰富创新群众工作的载体，搭建和用好网上群众工作平台，走好网上群众路线，形成全方位、全覆盖、便捷高效联系服务群众的工作格局，创新组织群众、发动群众的体制机制和方式方法，更好为民谋利、为民办事、为民解忧。

三、坚持宣传好"四下基层"，为走好新时代党的群众路线作出党中央机关报应有的贡献

作为党中央机关报，人民日报把报道好习近平总书记和宣传阐释好习近平新时代中国特色社会主义思想作为首要政治任务和最重要的政治责任，系统深入宣传阐释习近平新时代中国特色社会主义思想，及时跟进宣传阐释习近平总书记系列重要讲话重要指示批示精神，努力扩大地域覆盖面、扩大人群覆盖面、扩大内容覆盖面，充分发挥在舆论上的导向作用、旗帜作用、引领作用。习近平总书记在地方工作期间提出的重要思想理论观点、推进的重大实践创新，是人民日报的重点宣传报道内容。

人民日报一直以来持续关注、报道、宣传"四下基层",刊发介绍"四下基层"和新时代党的群众路线的实践成果和经验的各类新闻报道和新媒体产品。在宣传阐释"四下基层"和新时代党的群众路线方面,我们持续加大宣传力度,既积极推动学理化阐释、学术化表达、大众化传播,发表了一大批高质量文章,又积极反映各地、各部门传承和弘扬"四下基层"优良传统的好做法好经验,刊播了一系列综述、通讯、融媒体产品等,引导党员干部走好新时代党的群众路线。

今天的研讨会,通过对"四下基层"的深入学习和研讨,必定能进一步深化对走好新时代党的群众路线的理论内涵和现实意义的认识和理解,取得十分丰硕的成果。人民日报社将同福建省委、省政府和福建省委宣传部加强沟通合作,把重要成果摘要刊发在人民日报上,为进一步传承和弘扬"四下基层"优良传统,推动贯彻落实新时代党的群众路线往深里走、往实里走、往心里走,作出党中央机关报应有的贡献。

(本文系作者 2023 年 7 月 21 日在福建宁德召开的"'四下基层'与新时代党的群众路线理论研讨会"上的发言全文,略有删节,原题为《进一步传承和弘扬"四下基层"优良传统 推进新时代党的群众路线不断走深走实》。)

目　录

序　言　持续落实"四下基层"走好新时代党的群众路线 ···· 001

经验总结

"四下基层"在新时代彰显巨大时代价值和强大生命力 ············ 罗东川　003

进一步传承和弘扬"四下基层"优良传统

　　　走好新时代党的群众路线 ················· 方江山　006

"四下基层"是新时代实干兴邦的重要法宝 ············· 林尚立　010

把"四下基层"坚持好传承好发扬好 ················· 陈增光　013

"四下基层"是尊重人民主体地位的生动实践 ············· 王伟光　016

"四下基层"是坚持人民至上的生动写照 ············· 李　毅　019

蕴含深刻的马克思主义群众观 ················· 姚眉平　022

以深化调查研究推动解决发展难题 ················· 杨明伟　024

深刻把握"四下基层"的哲学内涵 ················· 王立胜　026

运用好"四下基层"蕴含的立场观点方法 ············· 郑传芳　028

实践案例

植根人民　造福人民 ································ 033

一朵菌菇的成长故事 ······························ 048

一个社区更新改造的故事 ························ 051

从上山种树到智慧林业 ·························· 054

"连家船民"有了稳稳的幸福 ···················· 056

爱拼敢赢　创新不止步 ·························· 058

基层壮筋骨　一线长才干 ······················ 060

走好新时代党的群众路线 ······················ 067

全县一张网　清水送到家 ······················ 072

锚定目标任务　见行动出实效 ················ 077

调研出成果　发展见实效 ······················ 080

一线访民情　实地解民忧 ······················ 083

深入基层一线　办好民生实事 ················ 089

解剖一个问题　解决一类问题 ················ 092

深入群众　贴近群众　服务群众 ············ 094

老工业区向都市新城转变 ······················ 098

修好连心路　解决出行难 ······················ 100

"实"字为要，推动高质量发展 ················ 104

践行"四下基层"，用心服务群众 ············ 108

以学促干，全力守护绿水青山 ················ 112

一线听民声　难事帮办成 ······················ 115

倾听群众所需　办好民生实事 ················ 117

进家门访民情　问需求解难题 ················ 119

竹林碳汇　促进生态产品价值实现 ···················· 124

研究一个问题　解决一类问题 ······················· 126

用心用情办实事　服务群众显温度 ··················· 130

干部受教育　群众得实惠　发展利长远 ··············· 134

做好源头预防　形成治欠合力 ······················· 138

拓展阅读

实实在在检视整改突出问题 ························· 145

在基层实践中找到解决问题的"金钥匙" ·············· 147

用心用情下基层 ··································· 150

把化解矛盾、破解难题作为工作突破口 ·············· 152

"四下基层"彰显历久弥新的时代价值和实践伟力 ······ 155

坚持"四下基层"　走好群众路线 ·················· 161

"四下基层"的哲学意蕴和文化底色 ················ 171

用好"四下基层"这一"传家宝" ·················· 176

传承"四下基层"　把握"四个坚持" ··············· 182

论"四下基层"的三重特质及其新时代启示 ··········· 186

"四下基层"与"两个结合" ······················· 203

经验总结

"四下基层"在新时代彰显巨大时代价值和强大生命力

罗东川

"四下基层"是指"宣传党的路线、方针、政策下基层，调查研究下基层，信访接待下基层，现场办公下基层"，这是习近平同志在福建宁德工作期间大力倡导并身体力行形成的工作方法和工作制度。当年，习近平同志带领宁德党政机关干部经常深入基层，发动群众、组织群众、依靠群众，为群众排忧解难，推动改革开放和经济社会发展，以实际行动密切同人民群众的血肉联系，为党员干部践行党的群众路线树立了光辉典范。

福建省大力弘扬"四下基层"优良传统，推动各级领导干部到基层去、到群众中去，到问题多、困难多、矛盾多的地方去，知民情、解民忧、办实事、促发展，"四下基层"蔚然成风，干部作风大为转变，党群干群关系更加密切，经济社会发展取得显著成效。实践证明，"四下基层"是转变干部作风、密切联系群众的重要法宝，是破解难题、推动发展的有效方法，是加强党的建设、做好各项工作的宝贵财富，其所蕴含的精神内涵、所体现的价值追求，在新时代彰显巨大时代价值和强大生命力。

"四下基层"体现了实事求是的思想路线，要求我们必须坚持一切从实际出发。 1988 年刚到宁德工作，习近平同志就沉下身子到基层调研，用一个月的时间走遍闽东9县，不到两年时间基本走遍宁德所有的乡镇，全面深入地了解宁德经济社会发展的实际情况，坚持运用唯物辩证法看待闽东贫困地区的发展问题，提出"弱鸟先飞""滴水穿石"等摆脱贫困的重要理念。实践充分证明，这些重要理念和思路为宁德摆脱贫困提供了科学指引和重要遵循。新时代新征程，我们要坚持一切从实际出发，坚持理论联系实际，推动党员干部大兴调查研究，深入基层了解真实情况，倾听群众声音，汲取各方智慧，找出解决问题、改进工作的思路办法和政策举措。

"四下基层"体现了人民至上的群众观点，要求我们必须坚持一切为了人民。在宁德工作期间，习近平同志在基层体察百姓疾苦，坚持把以解决吃饭、穿衣、住房问题为主要内容的摆脱贫困作为工作主线，着力破解"一方水土养不活一方人"的难题。到省里工作后，推动实施"造福工程"、连家船民上岸等，千方百计帮助宁德群众挪穷窝、拔穷根。实践充分证明，这些思路和举措暖人心、接地气、受欢迎，增进了宁德人民福祉，提高了人民的生活水平和质量。新时代新征程，我们要认真践行以人民为中心的发展思想，坚持在发展中保障和改善民生，用心用情用力解决好人民群众急难愁盼问题，健全基本公共服务体系，提高公共服务水平，增强均衡性和可及性，扎实推进共同富裕，不断提高人民生活品质。

"四下基层"体现了解决矛盾的问题导向，要求我们必须不断提升解决问题的能力和水平。1988年12月20日，习近平同志在霞浦县委党校参加首次"地县领导接待群众来访日"活动，受理各种问题86件，其中12件当场答复解决，其余问题要求相关部门在一个月内处理完毕。当年，习近平同志跋山涉水、披荆斩棘，三进下党访贫问苦、现场办公，协调解决下党村公路和水电建设、下屏峰村灾后重建等问题。实践充分证明，这些思路和举措有效推动了问题解决和经济发展。新时代新征程，我们要增强问题意识，发扬担当精神和斗争精神，敢于正视问题、善于发现问题，推动领导干部深入基层现场办公、热情接待来访群众，及时研究解决发展所需、改革所急、基层所盼、民心所向的问题，不断开创事业发展新局面。

"四下基层"体现了求真务实的工作作风，要求我们必须以优良作风赢得群众的信任和拥护。针对调研中发现的宁德一些干部违纪违法占地建房问题，习近平同志狠刹干部队伍中存在的歪风，肃清了"摆在马路边的腐败"。实践充分证明，这些思路和举措有效锤炼了宁德党员干部真抓实干的工作作风、清正廉洁的生活作风，进一步提振了干事创业的精气神。新时代新征程，我们要大兴务实之风、弘扬清廉之风、养成俭朴之风，引导广大党员干部树立正确的政绩观、权力观，力戒形式主义、官僚主义，重实干、求实效，以钉钉子精神把各项工作抓紧抓实抓细抓到位，以好的作风振奋精神、激发斗志、树立形象、赢得民心。

"四下基层"体现了普遍联系的系统观念，要求我们必须坚持用普遍联系的、全面系统的、发展变化的观点推进各项工作。为更好推动干部下基层办实事，更好推动闽东经济发展，习近平同志提出要正确处理长期目标和近期规划、经济发展速度与经济效益、资源开发与产业结构调整、生产力区域布局中的山区与沿海、改革开放与扶贫、科技教育与经济发展等六个关系。实践充分证明，这些思路和举措对宁德地区发展作出了全局性的战略谋划。新时代新征程，我们要更加自觉地坚持和运用系统观念，前瞻性思考、全局性谋划、整体性推进经济发展、民生改善、风险防范、党的建设等各方面工作，不断增强工作的原则性、系统性、预见性、创造性。

（作者为中共福建省委副书记 《人民日报》2023 年 7 月 28 日第 10 版）

进一步传承和弘扬"四下基层"优良传统 走好新时代党的群众路线

方江山

群众路线是我们党的生命线和根本工作路线，是我们党永葆青春活力和战斗力的重要传家宝。党的十八大以来，我们党先后开展一系列集中学习教育，一个重要目的就是教育引导全党牢记中国共产党是什么、要干什么这个根本问题，始终保持党同人民群众的血肉联系。在全党深入开展学习贯彻习近平新时代中国特色社会主义思想主题教育之际，中共福建省委、人民日报社联合主办"四下基层"与新时代党的群众路线理论研讨会，全面系统梳理"四下基层"的生成逻辑、内涵要义、实践深化，有利于我们进一步传承和弘扬"四下基层"优良传统，走好新时代党的群众路线，为凝心聚力奋进新征程、建功新时代提供智力支持、学理支撑。

福建是习近平新时代中国特色社会主义思想的重要孕育地和实践地。习近平同志在福建工作期间，开创了一系列重要理念、实践、作风、制度成果。这些重要成果为习近平新时代中国特色社会主义思想的创立提供了不可或缺的源头活水，为我们深入学习领会习近平新时代中国特色社会主义思想提供了鲜活教材。

"四下基层"是习近平同志在福建宁德工作时率先垂范、大力倡导并培育形成的工作方法和工作制度。"宣传党的路线、方针、政策下基层"从"声边"到"身边",生动体现了始终聚力于民的独特优势。"调查研究下基层"化"脚力"为"能力",生动体现了始终问计于民的科学方法。"信访接待下基层"变"坐诊"为"出诊",生动体现了始终心系于民的真挚情怀。"现场办公下基层"从"机关会场"到"基层现场",生动体现了始终取信于民的务实品格。当年,习近平同志带头下基层宣讲、调研、接访、办公,带头沉下身到最偏远、最困难的地方,踏遍了闽东的山山水水,留下了许多动人佳话。

"四下基层"是党的群众路线的实践创新,科学回答了为什么要做好群众工作、什么是好的群众工作以及如何做好群众工作等重要问题,生动诠释了党的群众观点与群众工作的有机统一,既遵循了规律性的认识,也进一步打开了更广阔的执政为民的发展空间。35年来,"四下基层"这一我们党密切联系群众的实践创造,不仅在八闽大地落地生根、薪火相传,构筑起一座座干部和群众之间的"连心桥",其所彰显的根本立场、所蕴含的精神内涵、所体现的价值追求、所运用的科学方法,更在广袤的中华大地上开花结果、发扬光大,为走好新时代党的群众路线提供了智慧经验和科学启示。我们要深入学习领会"四下基层"所蕴含的高超政治智慧、非凡战略眼光和系统思维方法,全面认识、准确把握"四下基层"的根本要求、目标指向、方法途径,在深刻感悟"四下基层"深远历史意义和现实指导意义中奏响贯彻新时代党的群众路线的时代更强音。

"四下基层"是习近平总书记关于党的群众路线系列重要论述的重要内容,既回答了走好新时代党的群众路线的根本问题,也蕴含着新时代新征程上树牢群众观点的重要方法论,具有超越时空的真理性和价值性。新时代新征程,进一步传承和弘扬"四下基层"优良传统,走好新时代党的群众路线，既是坚持大抓基层的鲜明导向、增强服务群众本领的必然要求，也是把各领域广大群众组织凝聚起来、有效实现党的领导的必然要求，更是真正把自己当作群众的一员、把群众的事当作自己的事，树牢群众观点、贯彻群众路线、以对群众的真情实感始终践行党全心全意为人民服务根本宗旨的必然要求，是继往开来的新课题，也是对责任担当的新考验。

现在，群众工作对象更加多元，群众诉求更加多样，群众工作环境更加复杂。互联网是做好新时代群众工作的重要阵地，也是重要手段。这就要求我们深入研究和准确把握新形势下群众工作的特点和规律，改进群众工作方法，提高群众工作水平。"四下基层"是一个具有多重价值与综合效能的好机制、大平台。我们要把"四下基层"作为走好新时代党的群众路线的一项基础性制度和一项最基本工作，久久为功做深做实。

我们要充分发挥"四下基层"对于深刻领悟"两个确立"的决定性意义、坚决做到"两个维护"，对于锤炼干部队伍、加强党的建设，对于办好民生实事、增进群众福祉，对于加强基层建设、提升基层治理，对于大兴调查研究、科学民主决策，对于凝聚党心民心、巩固思想共识的重要价值和作用，着力增强政治自觉、思想自觉和行动自觉，坚持大抓基层的鲜明导向，始终坚持以人民为中心的发展思想，持之以恒自觉扎根群众；始终坚持把人民对美好生活的向往作为奋斗目标，持之以恒用心服务群众；始终坚持人民群众是历史创造者的观点，持之以恒紧紧依靠群众；始终坚持创新体制机制和方式方法，持之以恒善于组织群众，进一步传承和弘扬"四下基层"优良传统，奋力谱写走好新时代党的群众路线新篇章。

作为党中央机关报，人民日报一直以来持续关注、报道、宣传"四下基层"。人民日报将进一步持续积极推动"四下基层"学理化阐释、学术化表达、大众化传播，积极反映各地、各部门传承和弘扬"四下基层"优良传统的好做法好经验，为走好新时代党的群众路线作出应有贡献。

（作者为人民日报社副总编辑　《人民日报》2023 年 7 月 28 日第 10 版）

"四下基层"是新时代实干兴邦的重要法宝

林尚立

人世间的一切事业，都是干出来的。全面建成社会主义现代化强国，以中国式现代化全面推进中华民族伟大复兴，惟有埋头苦干、顽强奋斗。在党的二十大报告中，习近平总书记号召全党全军全国各族人民牢记空谈误国、实干兴邦。坚持实干兴邦，党员干部必须具备担当作为、干事创业的精气神和实事求是、善作善成的能力本领。要练就和提高这两方面的能力和素养，最有效的办法就是习近平同志当年在宁德工作时开创的"四下基层"，即"宣传党的路线、方针、政策下基层，调查研究下基层，信访接待下基层，现场办公下基层"。

基层是干事的根基，人民是创业的动力。只有真正了解并把握住基层，才能把握住干事创业的大局、大势和方向，从而拥有能干事的机遇和舞台；只有真正融入并赢得群众，才能赢得干事创业的动力、优势和前途，从而拥有干成事的依靠与力量。作为干事创业、实干兴邦的重要法宝，"四下基层"蕴含着非凡的实践伟力。

"四下基层"是最硬实的干部锤炼。党的全面领导是干事创业、实干兴邦的根本政治保障，党员干部的政治能力是落实党的全面领导、干事创业的基础与关键。习近平总书记指出："在干部干好工作所需的各种能力中，政治能力是第一位的。"练就过硬的政治能力，必须做到既心怀国之大者、党之大计，又心系人民群众、解决人民群众的急难愁盼问题。党员干部要形成这样的素养和能力，最管用的锻炼手段就是"四下基层"。只有走入基层、融入百姓，把党之大计同民之大利结合起来，把国之大者和基层之实情协调起来，才能贯彻好党的路线、方针、政策，才能解决好基层群众的急难愁盼问题，把党的全面领导的政治和制度优势体现到为人民群众创造美好生活的各项工作中。

"四下基层"是最强劲的组织动员。列宁说过："只靠共产党员的双手来建立共产主义社会，这是幼稚的、十分幼稚的想法。共产党员不过是沧海一粟，不过是人民大海中的一粟而已。"人民群众是真正的英雄，拥有无穷的力量。只有把人民群众动员起来、凝聚起来，才能创造历史伟业。习近平同志指出："无论是从发挥党的领导作用，还是从调动群众积极性这两方面说，都要求我们的各级干部始终同广大人民群众保持密切的血肉联系。这就是干部的一项十分重要的基本功。我们的干部都应当苦练这一基本功。""四下基层"就是要练就党员领导干部这个基本功，不断增强发动群众、组织群众、凝聚群众的能力，从而汇聚起干事创业、实干兴邦的人民力量。

"四下基层"是最科学的工作方法。关于领导干部应该掌握的领导艺术和工作方法，毛泽东同志说过："善于把党的政策变为群众的行动，善于使我们的每一个运动，每一个斗争，不但领导干部懂得，而且广大的群众都能懂得，都能掌握，这是一项马克思列宁主义的领导艺术。"宣传党的路线、方针、政策下基层，就是要把党的路线、方针、政策变为群众的行动，从而贯彻下去，造福群众；调查研究下基层、信访接待下基层、现场办公下基层，就是要在党和政府每一项政策落地和每一项工作推进的实践中，让领导干部做到心中有群众、工作有头绪、做事有分寸、协调有办法，让人民群众做到与党同心，了解政策，理解政府，认同干部，从而密切党群关系、干群关系，形成上下齐心、同心同德、团结奋斗的局面。

"四下基层"是最有效的干事路径。实干兴邦，实字当头。"实"的根本在于立足实际、贴近实际、了解实际、解决实际问题，其最直接、最有效的工作路径就是"四下基层"。只有直接走入人民群众中，当面听取大家意见，才能了解人民群众的急难愁盼；只有深入一线、调查实际情况，现场解决问题，才能以一把钥匙开一把锁的精准举措落实和推动工作，不断打开工作新局面。不论是治理县域、市域、省域，还是领导整个国家，习近平总书记都始终把深入一线、走访群众、调查研究作为最基本、最有效的干事路径。习近平总书记强调："当县委书记一定要跑遍所有的村，当市委书记一定要跑遍所有的乡镇，当省委书记一定要跑遍所有的县市区""虽然辛苦一点，但确实摸清了情况，同基层干部和老百姓拉近了距离、增进了感情"。可以说，"四下基层"是各级领导干部在实干兴邦中干事创业的成功法宝，必须倍加珍惜、切实践行。

（作者为中国人民大学校长 《人民日报》2023年7月28日第10版）

把"四下基层"坚持好传承好发扬好

陈增光

习近平同志在福建工作 17 年半，在宁德工作近两年，开创了一系列重要理念和重大实践，给我们创造了极其宝贵的思想财富、精神财富和实践成果。我作为时任宁德地委副书记、行署专员，有幸见证"四下基层"制度的诞生和发扬光大，感到十分光荣。借此机会，谈几点体会。

"四下基层"是大兴调查研究、坚持实事求是的生动示范。调查研究是谋事之基、成事之道。上世纪 80 年代末的闽东，是当时全国 18 个集中连片贫困地区之一，经济总量排名全省末尾。面对这样的情况，习近平同志到任宁德后，积极深入基层，用一个多月时间走遍闽东 9 县，后来还走遍了绝大部分乡镇。正是从深入基层调研起步，习近平同志逐步建立"四下基层"工作制度。在深入调查研究的基础上，实事求是分析宁德必经的发展路径，提出"滴水穿石"精神、"弱鸟先飞"意识，脚踏实地带领闽东人民艰苦奋斗，一步一个脚印努力摆脱贫困。从在宁德工作期间大力倡导践行"四下基层"，到党的十八大以来先后 50 多次调研扶贫工作、走遍 14 个集中连片特困地区，习近平同志对调查研究的重视一以贯之，为全党重视调研、深入调研、善于调研树立了光辉典范。大兴调查研究是深入学习贯彻习近平新时代中国特色社会主义思想主题教育的重要内容，我们要把"四下基层"作为重要载体，推动党员干部走出机关大院，深入基层、深入群众，摸实情、集民智、理思路、出良策。

"四下基层"是密切联系群众的重要途径。群众路线是我们党的生命线和根本工作路线。习近平同志在福建工作期间，多次强调干部要"把心贴近人民"、练好密切联系群众的基本功。通过践行"四下基层"，把群众上访变为领导下访，化被动服务为主动服务，搭建起党和人民群众的"连心桥"。当年宁德有一批渔民，一家老小常年在渔船上打鱼、生活、居住，被称为"连家船民"，生活非常困苦。福建省政协组织民宗委、社法委对连家船民上岸定居作专题调研，形成调研报告，建议把宁德作为一个试点，争取实现连家船民上岸定居。已到省里工作的习近平同志看到这个报告后非常重视，很快作出批示，并亲自带队考察，现场办公制定方案。经过几年努力，连家船民全部上岸，过上了安稳日子。可以说，"四下基层"是对我们党坚持群众路线这一优良传统的继承和创新，其中所蕴含的精神内涵、所体现的价值追求越来越显示出强大生命力，具有历久弥新的时代价值和实践意义，为走好新时代党的群众路线提供了重要遵循，需要持之以恒传承好弘扬好。

"四下基层"是加强和改进作风的重要举措。习近平同志在《把心贴近人民——谈新形势下领导的信访工作》一文中写道："通过深入基层，提高领导机关的办事效率，有利于把问题解决在源头，把矛盾消弭在萌芽状态；同时，要积极做好群众的宣传、发动和思想教育工作，改进各级领导的工作作风，使党的方针、政策真正落到实处。"习近平同志不仅这样要求干部，而且自己实实在在地做。当年宁德寿宁县下党乡地僻人难到，素有"车岭车上天，九岭爬九年"的说法，但习近平同志留下了"三进下党"的故事。第一次进下党是 1989 年 7 月 19 日，当时我陪着习近平同志，先是乘车到寿宁县城，再乘军用吉普车到岔头坂，之后再沿着崎岖山路步行两个多小时。一到下党，顾不上歇息就组织开会，现场协调解决问题。之后，他又两次进下党，为下党发展定向领航、排忧解难。在福建工作期间，习近平同志不仅积极倡导"四下基层"，还大力推行"四个万家""马上就办、真抓实干"等优良作风，已成为福建广大党员干部的普遍共识和自觉行动。新征程上，我们要进一步弘扬"四下基层"等优良作风，深入践行群众路线，让群众实实在在感受到"四下基层"带来的实效。

当前，全党正在深入开展学习贯彻习近平新时代中国特色社会主义思想主题教育。我们要深学细悟习近平同志在福建、在宁德工作期间开创的一系列重要理念、重大实践，带着感情学、带着责任干，自觉做习近平新时代中国特色社会主义思想的坚定信仰者、忠实实践者。把"四下基层"坚持好传承好发扬好，从中汲取精神动力和思想营养，努力走好新时代党的群众路线，奋力谱写全面建设社会主义现代化国家福建篇章。

（作者为福建省政协原副主席 《人民日报》2023 年 7 月 28 日第 10 版）

"四下基层"是尊重人民主体地位的生动实践

王伟光

习近平同志在福建宁德工作期间亲自倡导推行"四下基层"工作制度。这一尊重人民主体地位的生动实践，为我们创造了宝贵的思想财富、精神财富和实践成果。我们要传承弘扬好"四下基层"优良传统，切实尊重人民主体地位，奋力谱写中国式现代化的绚丽华章。

蕴含着马克思主义唯物史观的人民主体思想。马克思主义唯物史观创立了人民主体思想，为无产阶级革命和社会主义建设提供了理论武器。"四下基层"是对我们党坚持马克思主义群众观这一优良传统的继承和创新，科学回答了新的历史条件下如何尊重人民主体地位等重大问题。"四下基层"工作制度生动体现人民群众是社会历史创造者的深刻原理。回望百年奋斗历程，我们党之所以能够战胜一个又一个困难，取得一个又一个胜利，一个重要原因在于紧紧依靠人民。这一工作制度倡导虚心向人民学习，倾听人民呼声，汲取人民智慧，使领导干部政治智慧的增长、执政本领的增强深深扎根于人民群众的实践沃土。"四下基层"工作制度坚持全心全意为人民服务的根本宗旨。只有始终坚持全心全意为人民服务这一根本宗旨，我们党的工作才能获得最牢固的群众基础和力量源泉。这一工作制度把人民放在心中最高位置，着力解决好人民最关心最直接最现实的利益问题，不断把人民对美好生活的向往变成现实。这种以人民为中心的价值导向，是对中国共产党根本宗旨的鲜明表达。"四下基层"工作制度坚持以人民为中心的发展思想。我们党一经诞生，就把以人民为中心镌刻在自己的旗帜上。这一工作制度坚持发展为了人民、发展依靠人民、发展成果由人民共享，推动改革发展成果更多更公平惠及全体人民，深化了对社会主义价值目标的认识。

闪耀着尊重人民主体地位的价值追求。"四下基层"工作制度充分彰显中国共产党人的为民情怀，其所体现的尊重人民主体地位的价值追求，不断转化为广大党员干部奋进新征程的行动自觉。"四下基层"工作制度是畅通民意诉求的重要渠道。把握民心民意是领导干部执政为民的基本功。多年来，福建以"四下基层"工作制度为抓手，各级各部门扑下身子、沉到一线，了解人民群众的烦心事、操心事、揪心事，推动解决了一批发展所需、改革所急、基层所盼、民心所向的问题。"四下基层"工作制度是密切联系群众的重要机制。多年来，福建以"四下基层"优良传统为驱动，教育引导广大党员干部深入实际、深入基层、深入群众，通过深入基层找准和解决影响制约发展、群众反映强烈的突出问题，切实做到发现问题在一线、化解矛盾在一线、工作落实在一线。"四下基层"工作制度是增进民生福祉的重要途径。为民造福是我们党坚持立党为公、执政为民的本质要求。多年来，福建牢牢把握"四下基层"蕴含的以人民为中心的发展思想，千方百计为人民群众办实事解难题，努力让人民群众的获得感、幸福感、安全感更加充实、更有保障、更可持续。

优良传统彰显光辉形象，优良传统成就伟大事业。大力传承弘扬"四下基层"优良传统，一是坚持人民至上，切实解决群众的急难愁盼问题。坚持人民至上，是贯穿"四下基层"的一条红线。我们要坚定传承弘扬"四下基层"蕴含的为民情怀，坚持问政于民、问计于民、问需于民，想人民之所想，行人民之所嘱，让广大人民群众共享高质量发展成果。二是坚持牢牢植根人民，密切党群干群关系。我们党的根基在人民、血脉在人民、力量在人民。要通过"四下基层"搭建党员干部与群众之间的"连心桥"，始终保持党同人民群众的血肉联系，把听民声、察民情、聚民智、解民忧作为各项工作的根本出发点和落脚点。三是坚持紧紧依靠人民，增强群众工作本领。"四下基层"有力促进密切联系群众、转变工作作风和加快推动发展。我们要深入落实"四下基层"工作制度，坚持一切为了群众，一切依靠群众，从群众中来，到群众中去，不断提高工作能力和水平。四是坚持不断造福人民，提升基层治理效能。"四下基层"源于实践又指导实践，是我们党提升基层治理效能的锐利武器。我们要传承弘扬"四下基层"优良传统，注重发挥党员干部在基层治理中的示范带头作用，把为民造福作为最大政绩，不断提高基层治理服务精细化、精准化水平。

（作者为中国社会科学院原院长

《人民日报》2023 年 7 月 28 日第 10 版）

"四下基层"是坚持人民至上的生动写照

李　毅

习近平总书记指出："我们党的最大政治优势是密切联系群众，党执政后的最大危险是脱离群众。"35 年前，习近平同志在福建宁德这片土地上，大力倡导和践行领导干部"宣传党的路线、方针、政策下基层，调查研究下基层，信访接待下基层，现场办公下基层"，把党密切联系群众的政治优势和优良作风生动地体现到工作实践中。35 年后，变化的是闽东地区面貌翻天覆地，人民群众生活水平极大提高；不变的是"四下基层"作为一项工作制度和优良传统不断发扬光大，历久弥新。"四下基层"是党的群众观点与群众工作的有机统一，是党密切联系群众的实践创造，为我们坚持人民至上、走好走实新时代党的群众路线提供了重要思想指引和深刻实践启示。

"四下基层"深刻体现了习近平新时代中国特色社会主义思想的人民性。 人民性是马克思主义最鲜明的品格。马克思主义之所以展现出真理的力量、道义的力量，就在于其为人类解放锻造了强大理论武器。习近平新时代中国特色社会主义思想是人民的理论，其鲜明的人民立场展现了中国共产党人坚定的信仰所在、追求的价值所在、力量的源泉所在。"四下基层"是这一重要思想在八闽大地生动实践的一个缩影。"四下基层"源于实践又指导实践，是对我们党坚持群众路线这一优良传统的继承和创新，科学回答了新的历史条件下如何增进与人民群众感情、做好联系服务群众工作等重大问题。"四下基层"让党的创新理论"飞入寻常百姓家"，变群众上访为领导下访，化被动服务为主动服务。共产党员扎根在人民之中，坚持全心全意为人民服务既是理之所在，更是情之所钟。

"四下基层"饱含着真挚深厚的人民情怀。"四下基层"是工作制度、工作方法，更是优良工作作风和真挚为民情怀的体现。习近平总书记是在人民中成长起来的、深受人民爱戴的人民领袖。"我将无我，不负人民"，是他对人民的深情告白和铿锵誓言，充分表明从黄土地一路走来的党的总书记对人民的赤子深情。"四下基层"启示我们，作为党员干部，无论从事什么工作，始终要对"我是谁、为了谁、依靠谁"的问题有清醒的答案，培养对人民群众的深厚感情，通过心与心沟通、情与情交流，凝聚人心、掌握民意，汇聚群众的智慧和力量来为群众造福。

弘扬"四下基层"优良传统，走好走实新时代党的群众路线。"四下基层"传承党的优良传统，具有深远的意义和强大的生命力。密切联系群众是干部的基本功。走好走实新时代党的群众路线，要发扬党的优良传统，弘扬"四下基层"优良传统，把握好新的时代要求。要坚持不懈用习近平新时代中国特色社会主义思想凝心铸魂。在主题教育中落实好学思想的要求，就要在学习认识、理解把握上"走得更深"，在贯彻落实、解决问题上"走得更实"。从思想上正本清源、固本培元，深刻领悟"两个确立"的决定性意义，增强"四个意识"，坚定"四个自信"，更加自觉做到"两个维护"，始终牢记中国共产党是什么、要干什么这个根本问题，永远同人民群众同呼吸、共命运、心连心。要提高群众工作本领，始终把人民需要什么、期盼什么作为我们的努力方向。坚持以深化调查研究推动解决发展难题，以汲取群众智慧指导发展实践，着力打通密切与群众联系的"最后一公里"，真正做到问政于基层、问需于百姓、问计于人民，不断增强人民群众获得感、幸福感、安全感。要把"四下基层"作为主题教育的鲜活教材。习近平同志在宁德工作期间，通过"四下基层"深入调研，提出摆脱贫困的发展思路。其中蕴含着弥足珍贵的思想理念和工作方法，为我们今天走好走实新时代党的群众路线提供了宝贵的思想财富、精神财富和实践成果。

习近平同志在福建工作期间围绕践行党的群众路线形成的重要理念和重大实践，不仅包括"四下基层"，还有许多重要理念和实践与习近平新时代中国特色社会主义思想一脉相承、一以贯之。中央党校（国家行政学院）要深入践行"为党育才、为党献策"的党校初心，继续做好对"四下基层"的学习研究阐释工作，努力以鲜活的理论研究阐释和深刻的实践经验总结感染人、教育人，不断献好"理论研究"之策、"解决问题"之策。

（作者为中央党校（国家行政学院）副校（院）长

《人民日报》2023 年 7 月 28 日第 10 版）

蕴含深刻的马克思主义群众观

姚眉平

领导干部"四下基层",是习近平同志 1988 年在福建宁德工作时大力倡导的工作方法和工作制度,是党的群众观点与群众工作的有机统一,是党密切联系群众的宝贵实践创造。习近平总书记是从人民中走出来的、对人民怀有深厚感情和强烈责任感的人民领袖,在福建宁德工作时,身体力行、率先垂范,带头深入基层、深入群众、深入实地,接访调研、访贫问苦、问政于民,擘画发展蓝图、解决实际问题,在共同奋斗中熔铸与人民群众的血肉联系,为党员干部树立了光辉榜样。今天,大力弘扬和实践"四下基层",对于深入学习贯彻习近平新时代中国特色社会主义思想、贯彻落实习近平总书记重要指示精神,践行新时代党的群众路线,在主题教育中更好推动以学铸魂、以学增智、以学正风、以学促干取得扎实成效,有着重大而深远的意义。

35 年来,"四下基层"得到长期坚持并不断发扬光大。福建牢记习近平总书记重要指示要求,持之以恒践行"四下基层",深化探索"四下基层"新方法新路径,"四下基层"所蕴含的精神内涵、所体现的价值追求已成为福建广大党员干部的自觉实践,集聚起八闽大地团结奋进的磅礴力量。实践充分证明,"四下基层"是了解民情、科学决策的关键环节,是化解矛盾、促进和谐的重要渠道,是落实工作、为民办事的有力抓手，是改进作风、锤炼干部的重要手段，蕴含着深刻的马克思主义群众观，具有重大理论意义和实践意义，在新时代新征程上愈加彰显其真理力量和实践伟力。

中国共产党根基在人民、血脉在人民，为人民而生、因人民而兴，人民立场是我们党的根本政治立场，群众路线是我们党的生命线和根本工作路线。回顾党的历史，老一辈革命家强调中国共产党"这个队伍完全是为着解放人民的，是彻底地为人民的利益工作的"，要求党的干部"把屁股端端地坐在老百姓的这一面"。党的十八大以来，习近平总书记对坚持党的群众观点、群众路线、群众工作方法等作出一系列重要论述，强调"不论过去、现在和将来，我们都要坚持一切为了群众，一切依靠群众，从群众中来，到群众中去，把党的正确主张变为群众的自觉行动，把群众路线贯彻到治国理政全部活动之中"。

新征程上，党面临的"赶考"远未结束。越是长期执政，就越要牢记马克思主义政党的本色，越要牢记党的初心使命，越要牢记党的群众路线这一党永葆青春活力和战斗力的重要传家宝。我们要深入学习领会习近平总书记关于党的群众路线的重要论述，深入研究"四下基层"的时代价值、科学内涵和重大意义，汲取掌握蕴含其中的人民立场、人民情怀、领导方法、思想方法、工作方法，切实转化为推进中国式现代化的思路举措和具体成效，始终同人民站在一起、想在一起、干在一起，不断谱写新时代中国特色社会主义更加绚丽的华章。

（作者为求是杂志社编委 《人民日报》2023 年 7 月 28 日第 10 版）

以深化调查研究推动解决发展难题

杨明伟

调查研究下基层是"四下基层"的一项重要内容。调查研究不仅是一种工作方法,而且是关系党和人民事业得失成败的大问题。习近平总书记指出:"以深化调查研究推动解决发展难题"。我们要深入学习领会习近平总书记关于调查研究的重要论述精神,不断深化调查研究,推动解决发展难题。

调查研究是我们党的传家宝。习近平总书记指出:"调查研究是我们党的传家宝,是做好各项工作的基本功。"回顾我们党的发展历程,什么时候全党从上到下重视并坚持和加强调查研究,党的工作决策和指导方针符合客观实际,党的事业就顺利发展。如果忽视调查研究或者调查研究不够,就会导致主观认识脱离客观实际、领导意志脱离群众愿望,使党的事业蒙受损失。中国共产党人依靠调查研究一路走来,在调查研究基础上沉着冷静应对各种复杂环境,不断开创事业发展新局面。

调查研究是谋事之基、成事之道。习近平总书记指出:"调查研究是谋事之基、成事之道,没有调查就没有发言权,没有调查就没有决策权。"正确的决策离不开调查研究,正确的贯彻落实同样也离不开调查研究。党的十八大以来,我们解决了许多长期想解决而没有解决的难题,办成了许多过去想办而没有办成的大事,推动党和国家事业取得历史性成就、发生历史性变革。这同习近平总书记倡导"自觉问计于民、问需于民"并开展深入细致的调查研究有着密不可分的关系。

在全党大兴调查研究是转变工作作风、密切联系群众、提高履职本领、强化责任担当的有效途径。习近平总书记指出:"在改进工作作风上,我很重视调查研究。"调查研究是中国共产党坚持正确的思想路线、工作路线,转变领导作风和改善工作方法的一个极为重要的途径。中共中央办公厅印发的《关于在全党大兴调查研究的工作方案》提出,在全党大兴调查研究"是转变工作作风、密切联系群众、提高履职本领、强化责任担当的有效途径"。当前,"四风"问题仍具有一定的顽固性反复性。要通过在全党大兴调查研究,以调查研究推动党的作风建设和工作方法改善,切实落实好党的群众路线,克服形式主义、官僚主义等问题。

紧紧围绕高质量发展深化调查研究、解决发展难题。习近平总书记指出:"紧紧围绕高质量发展这个全面建设社会主义现代化国家的首要任务,以强化理论学习指导发展实践,以深化调查研究推动解决发展难题"。发展是我们党执政兴国的第一要务。新时代新阶段的发展必须贯彻新发展理念,必须是高质量发展。要完整、准确、全面贯彻新发展理念,加快构建新发展格局,着力推动高质量发展。这就要求我们紧紧围绕高质量发展进行深入的调查研究,既总体分析面上的情况,又深入解剖麻雀,提出可行的政策举措和工作方案。

(作者为中共中央党史和文献研究院对外合作交流局局长

《人民日报》2023年7月28日第10版)

深刻把握 "四下基层" 的哲学内涵

王立胜

习近平同志在福建宁德工作时大力倡导的 "四下基层" 所蕴含的人民立场、实践取向、问题导向，深刻体现习近平新时代中国特色社会主义思想的世界观、方法论和贯穿其中的立场观点方法。新时代新征程，我们要自觉践行以人民为中心的发展思想，深刻把握 "四下基层" 的哲学内涵，大力传承弘扬 "四下基层" 的优良传统，自觉用新时代党的创新理论观察新形势、研究新情况、解决新问题。

坚定的人民立场。历史是人民群众创造的，人民群众是历史活动的主体，这是马克思主义的一个基本原理。坚持人民至上是 "六个必须坚持" 中的第一个，也是习近平新时代中国特色社会主义思想中贯穿的一条红线。"四下基层" 是对坚持党的群众路线的继承和创新，它解决的是人民群众最关心的实际问题，增进的是同人民群众的思想感情与血肉联系。领导干部大力传承弘扬 "四下基层" 优良传统，始终坚持以人民为中心的发展思想，始终坚持权为民所用、情为民所系、利为民所谋，坚定不移地站稳人民立场、把握人民愿望、尊重人民创造、集中人民智慧，在任何时候都把群众利益放在第一位，才能在历史大势和时代潮流中确保党和人民赋予的权力始终用于为人民谋幸福，不断实现人民对美好生活的向往。

突出的实践取向。习近平总书记指出："马克思主义不是书斋里的学问，而是为了改变人民历史命运而创立的，是在人民求解放的实践中形成的，也是在人民求解放的实践中丰富和发展的，为人民认识世界、改造世界提供了强大精神力量。"实践性是马克思主义理论区别于其他理论的显著特征。基层是国家治理的最末端，也是服务群众的最前沿。大力传承弘扬"四下基层"优良传统，深入基层开展治理实践，加深对社会现实的深刻认识，才能顺应实践发展、人民期盼，做到紧跟时代步伐、把握时代脉搏，深入研究回答实践遇到的新问题，总结新经验、探索新规律，不断开创事业发展新局面。

鲜明的问题导向。坚持问题导向是马克思主义的鲜明特点。中国共产党人干革命、搞建设、抓改革，从来都是为了解决中国的现实问题。坚持问题导向是我们党重要的思想方法和工作方法。基层是理论指导实践的主战场，是推进实践创新的主阵地。大力传承弘扬"四下基层"优良传统，必须坚持问题导向、增强问题意识，敢于正视问题、善于发现问题，以解决问题为根本目的，不断提出真正解决问题的新思路新办法。坚持一分部署、九分落实，带着感情、带着责任、带着举措到基层去，做到发现问题在一线、化解矛盾在一线、工作落实在一线，抓住老百姓急难愁盼的问题，解决好群众最关心最直接最现实的利益问题，把为民造福落到实处。

（作者为中国社会科学院哲学研究所党委书记

《人民日报》2023 年 7 月 28 日第 10 版）

运用好"四下基层"蕴含的立场观点方法

郑传芳

习近平同志在福建宁德工作时，亲自倡导和践行的"四下基层"工作制度，推动宁德地区党的作风建设得到加强，使党的路线方针政策及各项战略部署得到很好贯彻落实，有力推动了宁德地区经济社会各项事业健康发展。"四下基层"包含"下"和"基层"两个关键词。"下"是指自觉主动下沉和深入一线，找差距找问题，体现领导作风、领导方法、领导方式的改进与创新，体现我们党的光荣传统和优良作风。"基层"是社会治理的深厚基础和重要支撑，也是党和政府工作的第一线和最前沿。"四下基层"工作制度要求党员干部自觉主动深入到人民群众中去，倾听人民群众呼声，解决人民群众的实际困难和问题，把党的路线方针政策转化为人民群众推动发展的强大力量。把握好、运用好"四下基层"工作制度蕴含的立场观点方法，对于我们进一步增强政治能力和工作本领具有重要意义。

保持坚定的党性原则和深厚的人民情怀。"四下基层"工作制度提出时，要解决的是制约党的事业发展的瓶颈问题，面对的是人民群众改变贫困落后状况、不断实现美好生活向往的强烈愿望。只有对推动党的事业发展持高度负责的态度与强烈的责任感使命感，对广大人民群众有殷切的关心和深厚的情感，才能主动深入基层，与人民群众密切联系、打成一片。这种坚定的党性原则和深厚的人民情怀，是"四下基层"工作制度的出发点和重要基础。

保持强烈的问题意识和科学的工作方法。善于发现问题和解决问题，是推动发展变革的前提。"四下基层"工作制度，既抓住了当年工作中的薄弱环节和党风政风改进的切入点，具有极强的针对性指导性，又坚持对上负责与对下负责的统一、让党中央放心与让人民群众满意的统一、为了群众与依靠群众的统一，体现了科学的工作方法。这种强烈的问题意识和科学的工作方法，是"四下基层"工作制度不断取得实效、得到人民群众欢迎拥护的重要保证。

保持顽强的斗争精神和自我革命意识。福建闽东地区当时经济基础薄弱，带领人民群众脱贫致富，需要以顽强的意志攻坚克难。在宁德工作期间，习近平同志坚决查处"马路边的腐败"，教育干部保持清正廉洁，发扬滴水穿石的精神与韧劲，倡导"为官一任，造福一方"等重要理念，有力加强了干部队伍建设，为宁德地区加快改革发展提供了坚强保障。这种顽强的斗争精神和自我革命意识，是实行和坚持"四下基层"工作制度必不可少的重要前提和基本条件。

新征程上，我们要学深悟透习近平新时代中国特色社会主义思想，传承好弘扬好"四下基层"优良传统，把握好运用好"四下基层"工作制度蕴含的立场观点方法，为奋力谱写全面建设社会主义现代化国家福建篇章作出新的更大贡献。

（作者为福建师范大学教授 《人民日报》2023 年 7 月 28 日第 10 版）

实践案例

植根人民　造福人民

——习近平同志倡导践行"四下基层"闪耀时代光彩

福建宁德，一片高质量发展的热土。光荣与梦想，勤劳与创造，改革与创新，交汇成雄浑的山海交响乐章。

这背后，是 35 年的践诺、35 年的坚持、35 年的传承。

1988 年，习近平同志一到福建宁德赴任，就深入基层，听民声，察实情。调研开路，实干开局，"四下基层"工作制度逐步建立起来：宣传党的路线、方针、政策下基层，调查研究下基层，信访接待下基层，现场办公下基层。那些年，习近平同志以身作则，率先垂范，踏遍闽东的山山水水，留下了许多感人佳话。

"四下基层"，下去的是基层，抵达的是民心，汇聚磅礴力量，夯实发展根基。35 年来，这一践行党的群众路线的重大创举，在八闽大地全面推广、薪火相传。干群同心、砥砺奋进，摆脱贫困，实现全面小康，踏上了强国建设、民族复兴新征程，"闽山闽水物华新"的美好图景铺展开来。

人民江山，根在人民。根深叶茂，本固邦宁。

"四下基层"彰显的根本立场、精神内涵、价值追求，蕴含的领导方法、思想方法、工作方法，具有超越时空的真理性和价值性。让我们循着习近平同志在福建工作时的足迹，去感悟习近平新时代中国特色社会主义思想的真理力量和实践伟力，更加坚定自觉地把好传统带进新征程，将好作风弘扬在新时代。

把心贴近人民

"只有心中装着群众，事事为人民打算，才能得到群众真心实意的支持"

"在我们前进的道路上有许多困难和问题，究竟从哪里入手去解决问题，依靠什么去战胜困难？从不同的角度可以谈出不同的思路和方法来。但根本的一条，就是要发动群众，依靠群众。"

"群众路线是我们党的生命线和根本工作路线，是我们党永葆青春活力和战斗力的重要传家宝。"

…………

不论在基层、地方还是在中央，习近平同志始终把人民放在心中最高位置，大力倡导并带头践行党的群众路线，牢牢植根人民，不断造福人民。

今年76岁的舒穗英，时常到宁德霞浦县委党校走走看看，那里珍藏着她的一段特别的回忆。

1988年12月20日，宁德首次"地县领导接待群众来访日"活动现场，时任宁德地委书记的习近平同志在这里接访。舒穗英来了，她反映有关部门在她家附近的河道上建房，河道砌小了，造成淤积阻塞，一场暴雨引发的洪水冲进了她家门，她家损失很大。

"来的时候急匆匆，走的时候心里暖烘烘。"当时的情景，舒穗英记忆犹新，"不久后，有关部门清理了河道并做了赔偿。"

这次"来访日"活动共计来了102名上访群众，受理各类问题86件，其中有12件当面答复解决。

当时，素有"老、少、边、岛、贫"之称的闽东，山高路远、交通不便，偏远山村路途颠簸，群众有事找政府，耗时不止一天。当天晚上，习近平同志就在思考：有这么多来访群众，应该形成一个规范化的制度，既让群众满意，也让群众好找。

想群众之所想，解群众之所难，"四下基层"最初设立就是为方便群众。习近平同志的话语朴实，感情却很深厚："与其群众跋山涉水上访，不如我们干部直接下访，几个干部下去，总比那么多群众上来要强一些。"

在习近平同志心中，人民群众的分量最重。他在《念奴娇·追思焦裕禄》中写道："为官一任，造福一方，遂了平生意。绿我涓滴，会它千顷澄碧。"

如今，一排排整齐的光伏菇棚成为宁德古田县乡村的一道亮丽风景。棚顶发电，棚下种菇，劳动成本、安全风险"双降低"，土地利用率、种植收益"两提升"。

这已是当地的第三代菇棚。问及是如何走上"点草成金"这条致富路的，菇农们总要从 35 年前说起——

古田县，是习近平同志上任宁德地委书记后闽东九县调研行的第一站，他说"是'看准了'才来的"。1988 年 7 月，习近平同志走访当地香菇技术员彭兆旺的基地，问了一连串问题："推广种植，经济效益怎么样？农民收入增加多少？""这项技术，对农民来说好不好？学习和操作简单不简单，容易学会吗？"

习近平同志勉励彭兆旺再接再厉，特别是要用一帮一、一带十的方式对农民进行技术指导，让乡亲们种香菇摆脱贫困，过上幸福生活。1989 年 8 月，他又一次来到古田县，开展现场办公，专题调研食用菌产业发展。

　　一朵小菌菇，致富"幸福花"。古田县委书记张成慧介绍，2022年，古田县食用菌鲜品总产量91万吨，其中，银耳鲜品产量达38.5万吨。食用菌全产业链产值达235亿元，农民收入的70%来自食用菌产业。

　　"致理之要，惟在于安民，安民之道，在察其疾苦而已。"

　　在宁德，习近平同志到任3个月就走遍了9个县，后来又跑遍了绝大多数乡镇。"三进下党""四进坦洋""三上毛家坪""两赴下岐"……山一程，水一程，沉下身子到最偏远、最贫穷的地方去。问需于民，问计于民，和群众同坐一条板凳、讲掏心窝子的话。习近平同志带领宁德党员干部群众，"滴水穿石""弱鸟先飞"，勠力抱上"金娃娃"，过上好日子。

　　1990年，习近平同志撰文《把心贴近人民——谈新形势下领导的信访工作》，反复强调："只有心中装着群众，事事为人民打算，才能得到群众真心实意的支持。""只要各级领导能够与群众结友交心，赤诚相见，坚持从群众中来，到群众中去，我们的工作就会越做越好，我们的事业就会兴旺发达。"

　　"把心贴近人民"，道出了"四下基层"的精神要义。以百姓心为心，与人民同呼吸、共命运、心连心，是党的初心，也是党的恒心。广大党员干部深入基层，就是要用实际行动，架起一座座和人民群众之间的"连心桥"。

　　"你们知道福州人最怕的是什么吗？"有一次，习近平同志这样问福州的干部。他接着说："我在下面转的时候听到，福州人最怕的就是水火无情。为什么？福州这个地方很多都是木板房，火一烧就是一大片。闽江一发大水，水就会倒灌进来，百姓就遭殃了。"

　　念"民之所忧"，行"民之所盼"，"纸褙福州城"的状况必须改变。福州台江区苍霞新城社区居民唐庆旺至今还清楚地记得，2000年

7月2日，时任福建省省长的习近平同志来到他们家。房屋是木板拼接的，狭小逼仄，不足9平方米，挤着一家三口。当时正值炎炎夏日，屋内犹如蒸笼，十分闷热。

习近平同志说："我们在中午最热的时候来看，才能真正体会到住棚屋区群众的困难和疾苦。"

"请给群众捎个话，政府一定不辜负大家的期盼，把好事办好。"几天后，苍霞棚屋区拆迁改造工作正式启动。

2001年8月，唐庆旺拿到了新房钥匙。"60平方米，亮堂舒适，做梦都没想到能住上这么好的房子。"回首往事，老唐眼眶湿润。

如今，苍霞新城社区正在进行新一轮改造提升，完善水电管网，规划停车位，新建党群共享空间、便民服务驿站、儿童乐园等。社区党委书记、居委会主任王露露说："小时候，我也住在棚屋区。是当年习近平同志帮我们圆了安居梦。我要接续奋斗，把好事办好，让社区更宜居，让居民更幸福。"

岁月流转，不变的是初心、是情怀，时空更迭，传承的是使命、是责任。

"人民对美好生活的向往，就是我们的奋斗目标。"2012年11月，习近平总书记以一句直抵人心的庄严承诺，为新时代答卷起笔。

在福建，"四下基层"传承弘扬，民生福祉持续增进。幼有所育、学有所教、劳有所得、病有所医、老有所养、住有所居、弱有所扶……广大党员干部一件接着一件办，一事一事见实效。

2021年3月，习近平总书记在福建福州市考察调研时深情地说："希望有福之州更好造福于民。"

福州市委常委、组织部部长蔡亚东表示，广大党员干部牢记总书记嘱托，强化宗旨意识，践行初心使命，把"四下基层"优良传统内化于心、外化于行，以真抓实干的务实举措，不断提升人民群众的获得感、幸福感、安全感。

"一个社会幸福不幸福，很重要的是看老年人幸福不幸福。"近年来，买菜、做饭成了许多老年人生活中的一道难题。群众有需求，干部就行动，助餐服务应运而生。

冬日暖阳，微风和煦。走进福州市鼓楼区庆城社区长者食堂，老人们正在吃着可口的饭菜。70多岁的林锦如是长者食堂的常客，茶余饭后还在这里练练书法。她随手拿起自己写的"福"字，满脸喜悦地说："今天的我们，都是有福之人！"

基层是党的执政之基、力量之源
"干部只有到人民群众中去，并且同人民群众保持血肉相联的关系，才能使党的方针、政策得到更好的贯彻"

到基层去，到一线去，到群众中去，不仅彰显了习近平同志深厚的人民情怀，还蕴含了推动事业发展的方法论。

"增强为人民服务的党性观念，最有效的办法就是深入基层，深入群众。"

"好措施、好办法哪里来？答案是从群众中来。"

"党的领导是通过具体的路线、方针、政策来体现的，而我们的干部是党的路线、方针、政策的具体执行者，干部只有到人民群众中去，并且同人民群众保持血肉相联的关系，才能使党的方针、政策得到更好的贯彻。"

…………

这些都是来源于基层实践又指导基层实践的宝贵经验。

基层是一切工作的落脚点。党中央各项决策部署的落地落实，关键在基层，关键靠广大干部群众准确领会、真心拥护、团结奋斗。

在福建工作期间，习近平同志高度重视"宣传党的路线、方针、政策下基层"，将其摆在"四下基层"的首要位置。一次新闻工作会议上，他说道："我想，我们的新闻工作者应该更多地起到渠道和桥梁的作用，长期地、耐心地、孜孜不倦地向人民宣传党的路线、方针、政策，解释党对事物的主张和看法，让人民了解党和国家的大事，使党的看法、主张化为人民群众自觉自愿的行动。"

1988年，习近平同志察看宁德柘荣县一家濒临破产的覆铜板厂时，提出一定要想方设法采取措施。

当时，全国正在进行治理整顿。有的干部有些泄气，认为"看不到希望，做不了事"。

习近平同志既当实干家也当宣传家，深刻指出，中央提出治理整顿，不是不要发展，而是要纠正盲目发展，要在加强宏观调控的基础上实现综合平衡，而不是急于求成，什么都干。

一席话解除了当地干部思想上的"疙瘩"，时任柘荣县委书记钟安领悟到，"这是一种'向死而生'的勇气"。

基层也是最好的课堂。"知屋漏者在宇下，知政失者在草野。"深入基层调研，"甘当小学生""拜人民为师"，应成为广大党员干部的工作常态。

习近平同志到宁德工作后，坚持先调研后决策，一个县一个县地跑，写下《弱鸟如何先飞——闽东九县调查随感》。

认清"弱鸟"的现实，提出"先飞"的意识，指明要抓大农业、工业要正确处理速度与效益的关系……正是坚持实事求是，摸清了实情，从实际出发，宁德经济社会发展插上了腾飞的翅膀。

郡县治，天下安。县域经济该如何发展？

在福建工作期间，习近平同志"七下晋江"。产业发展、民企转型、政府与市场的关系……他在基层一线发现问题、分析问题、解决问题，不断深化认识，不断向前推进，总结概括出"六个始终坚持"和"正确处理好五大关系"为主要内容的"晋江经验"。

林海苍翠连绵，高天白云舒卷。

宁德周宁县七步镇后洋村的黄振芳家庭林场，草木葳蕤，郁郁葱葱。林场出入口，"森林是水库、钱库、粮库"大幅标语，引来人们的驻足、深思。

这一重要论断的背后也有一个调研故事。

上世纪 80 年代，黄振芳贷款 8 万元，带领全家创办家庭林场，开垦荒山，植树造林，并在速生林中套种马铃薯、玉米。

习近平同志听闻此事后，三次赴实地了解情况，称赞"周宁县的黄振芳家庭林场搞得不错，为我们发展林业提供了一条思路"。后来，习近平同志写下《闽东的振兴在于"林"——试谈闽东经济发展的一个战略问题》，深刻指出"森林是水库、钱库、粮库"。

时光流转，"绿水青山就是金山银山"的理念早已深入人心。

黄振芳的家庭林场传给了儿子黄传融。曾一门心思种树、砍树、卖树的他们，如今盼着树一天比一天长得好，林场可是他们的绿色银行。黄传融指着林下的黄精、芍药说："等来年丰收，收入很不错的！"

2020 年，黄振芳的孙子黄宇斌从深圳返乡，也一头扎进了林场，做起了直播带货。"这片青山就是我回来的理由。我要把外面的新思路带回林场，把这里的绿色产品介绍给更多的人。"黄宇斌说。

一片林，三代人，绿了山头，红了日子。如今，在整个周宁县，森林覆盖率超过 70%，林下经济蓬勃发展，群众的幸福指数如同林木一般，持续向上。

…………

群众的实践是最丰富最生动的实践，群众中蕴藏着巨大的智慧和力量。

一次次跋山涉水、一次次风雨兼程、一次次倾听民声、一次次问计于民，坚实的足迹里印刻着"基层是党的执政之基、力量之源"的真理。

如今，沿着习近平同志指引的方向，在八闽大地，一支支"理论宣讲轻骑兵"深入基层，推动党的创新理论"飞入寻常百姓家"；领导干部挂钩联系基层，年轻干部驻村实践锻炼，调查研究蔚然成风，"基层首创"与"顶层设计"相得益彰，为推进高质量发展不断注入"源头活水"。

福州市建设以"3820"战略工程成就展为中心的"1+X"学习教育实践大平台，打造军门社区、三坊七巷等 53 个特色教学点、82 个特色调研点，引导党员干部在现场教学中更好地感悟思想伟力。

宁德市出台《关于大力弘扬"四下基层"优良传统组织年轻干部到乡村一线培养锻炼的意见》，从创新干部培养、深化干群联系、健全人才流动、完善成果转化等 4 个方面，建立健全年轻干部培养锻炼长效机制。

85 后干部陈艳，已是古田县吉巷乡坂中村乡亲们的老熟人了。她参加"四下基层"实践锻炼活动，住在村民家里，和村民同吃、同住、同劳动，结下了情谊。如今，陈艳经常回村，深入调研乡村文旅融合发展，她深有感触地说："每次下基层，都长见识、有收获。多听听乡亲们想些什么、说些什么，工作就更有思路、更有抓手了。"

必须坚持问题导向

"每个时代总有属于它自己的问题，只要科学地认识、准确地把握、正确地解决这些问题，就能够把我们的社会不断推向前进"

霞浦县溪南镇七星海域，一碧万顷，海天一色。连片的塑胶渔排蔚为壮观。渔民们耕海牧渔，创造幸福的生活。

登上七星海上社区，党群服务中心、海上综治中心等一应俱全，霞浦县纪委监委正在开展"连心日"活动。

渔民陆宗祥前来询问："海域使用证迟迟没办下来，能不能帮我催一催？"

"马上督促相关单位加紧办理。"干部田宏野翻开一页登记表，详细记录陆宗祥的问题与联系方式。陆宗祥是他当天接访的第十一位群众。

"下基层，就要离群众近一点，就是来帮助群众解决问题。"田宏野介绍，今年以来，霞浦县纪委监委已开展6批次"连心日"活动，收集群众反映问题以及意见建议上百条。

在宁德，像"连心日"这样的活动，可以追溯到1988年12月20日宁德首个"地县领导接待群众来访日"，追溯到那段时期宁德地委、行署制定的"书记约访日""专员接待日"制度。

一次在古田县现场办公时，习近平同志强调，"群众提出来的问题不要怕，不要回避，一定要深入到基层去发现问题、面对问题、解决问题。你越是害怕困难、回避困难，困难就越多，群众意见就越大"。

问题是时代的声音，也是工作的导向。把"四下基层"优良传统传承好、发扬好，必须坚持问题导向，瞄着问题去、迎着问题上。

楼房整齐成排，"渔家乐"前人来人往。宁德福安市下白石镇下岐村一个暖阳高照的上午，白马公园里，老人怡然自得，孩童追逐嬉戏。

很难想象，几十年前，下岐村渔民"上无片瓦、下无寸土"，终日在海上漂泊，船连着家，家连着船，被称作"连家船民"。

1998年4月的一天，习近平同志登上船舱，访贫问苦。当年年底，他在"连家船民"上岸定居现场会上说："我们共产党人看到群众生活如此困苦，更应感到寝不安席、食不甘味！没有'连家船民'的小康，就没有全省的小康。"

经过3年努力，到2000年底，全省1.8万余名"连家船民"住上了新房。"有厨房、有卧室、有卫生间，想都不敢想，心里扑扑跳个不停。"下岐村村民江成财说。

但是，新的问题出现了：上了岸该怎么生活？

"不仅有房可住，还要有业可就。""搬上来、住下来、富起来。"习近平同志回访上岸后的"连家船民"，再次把脉问诊，拿出对策办法。

如今，水产养殖、建筑装修、商贸服务，下岐村有了产业，村民收入更有保障。江成财笑着说："以前吃不饱，现在日子好，长胖不少！"

从群众最期盼的领域改起，从制约经济社会发展最突出的问题改起。在福建工作期间，习近平同志总是把问题作为研究制定政策的起点，把工作的着力点放在最突出的矛盾和问题上，把化解矛盾、破解难题作为打开局面的突破口。

保护三坊七巷、"菜篮子"工程、治理长汀水土流失、机关效能建设，如此等等，都彰显了鲜明的问题意识、问题导向。

习近平总书记指出："每个时代总有属于它自己的问题，只要科学地认识、准确地把握、正确地解决这些问题，就能够把我们的社会不断推向前进。"

一片叶子，成就了一个产业，富裕了一方百姓。

走进宁德福鼎市品品香公司大厅,一个福鼎白茶大数据溯源平台映入眼帘。大屏幕上实时显示:8万户茶农、36万亩茶园、今年以来茶农交易总额64.72亿元……

宁德是著名茶乡。但是,早些年,茶产业是原始粗放、自发生长状态,品种杂乱,不成规模。习近平同志多次实地调研,找问题,谋良策,提出要成片、成规模地种植,科学管理,打出品牌。

近年来,"福鼎白茶"名气大了,该如何迈向更高质量的发展?在当地干部看来,尽管发展阶段不同,但坚持问题导向的工作方法始终不过时。他们坚持"四下基层",深入走访茶企、茶园、茶农,研究问题、解决问题。

供给端,如何做到质量优?推进基地化建设,用绿色防控替代化学农药;生产端,加工如何精细化?推进清洁化、自动化、信息化加工设施装备升级;销售端,如何扩大影响力?打造茶文化,讲好白茶故事,同时延伸产业链,推出一系列衍生品。

"坚持问题导向,是我们干事创业、砥砺前行的重要遵循。我们要敢于正视问题、真正找准问题、善于解决问题,更好地推动茶业富民。"宁德福鼎市人大常委会主任、茶产业发展领导小组常务副组长蔡梅生说。

业绩都是干出来的

"人民群众是最实在的,他们不但要听你说得如何,更要看你做得如何。不光要听'唱功',而且要看'做功'"

来到福州市政务服务中心,大楼顶端的"马上就办 真抓实干"8

个红色大字引人注目。在"一件事"综合窗口，市民周泽光一次性办成了社会保险登记、公积金账户开户等多个事项。"只需提交一次材料，一窗办理，方便多了。"周泽光说。

马上就办、真抓实干。这是上世纪90年代，习近平同志在福州工作时提出来的，切实推动党员干部转变作风，提高为民服务效率。

当时，外商在福州投资办厂，流程手续十分繁复，需要数月甚至一年以上。为此，习近平同志首次提出采取"一栋楼"办公。

刚开始有的部门不愿意进驻"一栋楼"，但是习近平同志下定决心干成这件事。他还多次到"一栋楼"现场调研，看到哪个窗口排队人多，就会了解情况、问明原因，对工作效率提出改进措施。

匡正干的导向，增强干的动力，形成干的合力，"马上就办、真抓实干"薪火相传。如今，福州市政务服务中心已入驻68个部门，提供2215项服务事项，设有"一件事"综合窗口、"办不成事+帮帮团"诉求窗口、智慧政务大厅，企业群众办事越来越便捷。

习近平同志在福建工作期间强调："人民群众是最实在的，他们不但要听你说得如何，更要看你做得如何。不光要听'唱功'，而且要看'做功'。"

大道至简，实干为要。"四下基层"，务求实效。

1988年，习近平同志刚到宁德工作时，宁德还是全国18个集中连片贫困地区之一，有名的"老、少、边、岛、贫"，被比作东南沿海的"黄金断裂带"。

发展落后，观念不能"贫困"。习近平同志在《闽东之光——闽东文化建设随想》中指出，"如果人们只看到穷，但不是历史地看，发展地看，就很容易失去自信心""在讲'贫穷'的同时，不要忘记讲闽东的光彩"。他强调，闽东人民的自强不息、艰苦奋斗、善良质朴的精神就是一种光彩。

35年来，山还是那片山，海还是那片海。但山已经不再是那片山，海也不再是那片海。

进入新时代，宁德乘势而上，抢抓机遇，抱上了"金娃娃"：引进了以宁德时代、上汽、青拓、中铜为代表的龙头企业，培育形成了锂电新能源、新能源汽车、不锈钢新材料、铜材料4个具有国际竞争力的主导产业集群。

为推动经济高质量发展，宁德市全面打响"宁德服务"，坚持"一个产业一个工作专班、一个发展规划、一套招商政策、一批重点跟踪项目"，实行集中办公、靠前服务，项目推进到哪里，工作专班服务就跟进到哪里，强化项目落地"保姆式"服务。

让农业高质高效，乡村宜居宜业，农民富裕富足。宁德市集聚整合驻村第一书记、科技特派员、乡村振兴指导员、金融助理员等"一书记三大员"，把力量往乡村下派，让资源往乡村下沉。

走进宁德福鼎市硖门畲族乡柏洋村，街道整洁，村美人和，田园如画。

3年前，刘端斌来到这里担任驻村第一书记。他和村干部齐心协力，推动村子发展迈上新台阶：在以往的房屋租赁中加上物业管理服务，产业链延伸了；加强景观设计，规范美食街经营管理，村民生活更舒适了。一段驻村经历，让刘端斌更加热爱乡土。如今，他已担任硖门畲族乡副乡长，扎根田间地头，继续为乡村振兴挥洒汗水。

弱鸟先飞，滴水穿石，"闽东之光"愈发耀眼，宁德发展已实现从"闽东老九"到福建省新增长极的蝶变。温福铁路建成运营，三都澳港口初具规模，宁德主城区已建成福建东北翼中心城市，当年闽东人民的三大梦想一个个变成了现实。

习近平总书记强调："业绩都是干出来的，真干才能真出业绩、出真业绩。"

如今，福建省各级党委政府强化重效、求效、显效的鲜明导向，引导党员干部树立正确政绩观，将心思花在"想干事"上、把能力用在"会干事"上、把力量放在"干成事"上。

福州坚持"马上就办、真抓实干"的精神，促进高效能治理，创造高品质生活，荣获联合国人居署颁发的首届全球可持续发展城市奖。

晋江，秉持"爱拼才会赢"的信念，干部群众齐奋斗，安踏、恒安等民营企业持续健康发展，"晋江经验"不断释放新活力。

…………

坚持"四下基层"，走好群众路线，扑下身子谋实招、办实事、求实效，在广袤的八闽大地上，广大党员干部正奋力谱写中国式现代化福建新篇章。

（张毅、蒋升阳、张洋、付文、孟祥夫、王鉴欣

《人民日报》2023 年 12 月 7 日第 1 版）

一朵菌菇的成长故事

福建宁德古田县杉洋镇杉洋村，绿水青山间，一座座现代化菇棚顺着山势梯次排开，菇农们在菇棚架间穿梭忙碌，精心照看着劳动果实。

"这茬菌菇长势很好，每筒能采摘 1 斤多菌菇，产量比以前高。"菇农余新考说，今年扩大了种植规模，从原来的 3 万筒增长到了 8.5 万筒，"算下来，这一茬菌菇能多卖七八万元呢！"

20 世纪 80 年代末，在当地党委和政府的指导下，群众看准了菌菇产业，找到了一条增收的好路子，点亮了脱贫致富奔小康的希望。

时代在变迁，技术在进步，菇棚也随之迭代升级。杉洋镇党委书记陈小芳介绍，先是茅草菇棚，后来有了彩钢瓦菇棚。种植条件改善，菌菇生产效益不断提升，群众的生活水平也不断提高。

进入新时代，如何推动食用菌产业转型升级？古田县党员、干部坚持践行"四下基层"，深入一线调研，走村串户听取群众意见。

通过走访当地气象部门和科研单位，古田县党员、干部发现了新型光伏菇棚这个发展方向。然而，起初这一建议让老菇农们的心里没底。"大家对新事物需要有一个从认识到接受的过程。"参与调研的古田县食用菌产业发展中心干部张海洋说。

深入群众宣传，倾听群众心声，在一线解决问题。接下来半年，县农业农村、气象、电力等部门组织开展联合调研，深入杉洋镇、吉巷乡、凤埔乡等菌菇种植基地，研究光伏菇棚内的温度、湿度、亮度是否适合菌菇生长；结合前期生产情况，计算配套成本、运营价格等；广泛收集和整理菇农、村干部等方面的意见建议，优化整体设计，为光伏菇棚添加隔离层、喷淋降温设施、温度检测设备等；引入保险，邀请农业专家面向菇农开展讲座，让菇农放心种。

尝到甜头的菇农们很快接受了光伏菇棚。县里也更有底了，向新理念、新技术要效益，决定大范围推广使用光伏菇棚。

光伏菇棚实现"一地两用"，棚上发"绿色电"，棚下种"品质菇"，节约了水和煤，减少了烟尘、二氧化碳等排放。古田县委副书记郑圭冬介绍，2021年5月以来，古田县投资3亿多元，实施9个光伏菇棚项目，打造8个光伏菇棚基地，建设食用菌标准化生产菇棚426间。

冬日暖阳照在一排排光伏板上，棚内，一簇簇菌菇在恒湿恒温的环境中茁壮生长。杉洋镇光伏食用菌种植园区，分拣展示间、保鲜冷藏库、电力烘干厂等功能区有序排开，道路、供水、照明等配套设施一应俱全。点开手机，菇棚的温度、湿度等动态数据已连入古田县食用菌数字大脑运营中心，小小菌菇的生长信息跨越田间，飞向"云"端。

"新菇棚的菌菇，产量高，品质也好，能卖个好价钱。"菇农李铭芳说，以前菇棚出的一级菇只有四五成，价格也上不去。光伏菇棚保温保湿，出菇九成多为一级菇。

李铭芳今年承包了8个标准化菇棚，种养10万筒菌菇。1筒菌菇能卖7元，刨去成本3元，净赚4元，菌菇种植的利润合计40万元左右。他还加工菌包，帮助其他菇农销售菌菇。

村集体收入增加了。在杉洋村，菇棚租金分成、保鲜库分成、烘干房分成，3项加起来，一年约20万元。

企业跟着盈利了。光伏菇棚年发电量近1500万千瓦时，自用电约20%，80%的电上网，年均发电收入达到400多万元。

一朵菌菇致富，一个产业兴村。杉洋村党总支书记叶惠兰说，今后还要在延伸产业链上下功夫。

村党总支领办专业合作社与大型商超签订购销合同；引进企业进行初加工，生产特色产品；开展网络直播带货，拓展销售渠道……菌菇特色产业正在希望的田野上茁壮成长。

（孟祥夫　《人民日报》2023 年 12 月 25 日第 1 版）

一个社区更新改造的故事

11月28日，福建福州台江区苍霞街道苍霞新城嘉和苑小区暖意融融，居民曾依铨家中茶香氤氲。

"曾师傅，最近身体怎么样？对小区改造，您还有啥想法？"上午10时许，包干该街道的台江区委常委、组织部部长陈婀娜一行来到曾依铨家中，征求人居环境改造的意见建议。

苍霞位于台江区南部地段，与闽江相邻。20世纪90年代，这里还是一片棚屋区，住房大多由便宜的杉木板拼接而成。闽江一泛滥，老百姓就打开门引水，避免木板墙因承受不住压力而倾倒。

本世纪初，福州将棚屋区改造列为"为民办实事"重点项目，新社区"苍霞新城"拔地而起，3441户、9511人回迁新居。"住了一辈子棚屋，现在终于住上了楼房。"今年75岁的唐庆旺说。

20多年来，苍霞新城社区部分基础设施老化，而居民对生活品质有了更高的追求。围绕小区绿化、公共活动空间、社区养老服务、停车位等方面，居民提出了不少意见建议。

2021年，苍霞新城新一轮全方位改造提升正式开启。

"小区怎么改，居民说了算。居民住得舒心就是我们工作的最大动力。"陈婀娜说，市、区两级干部坚持践行"四下基层"，走好新时代群众路线，带队深入居民群众家中调研，并在苍霞新城社区召开现场办公会，听取居民代表意见建议，还通过网格微信群发放调查问卷，把政策讲透、情况摸清、问题找准、困难解好。

"大到拆除违建，小到几平方米的公共区域如何利用，我们都入户走访，深入听取居民意见。"陈婀娜说，通过面对面沟通，社区贴近老百姓需求，收集整理出服务配套、建筑风貌等问题，并逐一制定改造提升方案。

在嘉和苑小区，翻新了外立面，清理了楼道空间，拆除了私搭乱建，划出了停车位，居民楼的一楼架空层依次建起了党群共享空间、幸福便民驿站、儿童梦想乐园……

临近中午，嘉和苑4号楼下的"幸福便民驿站"格子铺里，唐红英正把缝纫机踩得飞快。此前架空层改造时，社区干部走访中了解到，居民普遍有缝补衣服、维修家电等生活需求；一些居民有手艺，但因开店租金较高，一直没找到合适的就业机会。

社区在"幸福便民驿站"中划出了几个格子铺，请相关居民免费入驻，唐红英的裁缝铺就是其中之一。"既能发挥余热、补贴家用，还能和大家拉拉家常，挺好的。"唐红英说。

走访调研中，台江区发现苍霞新城居民中老人占比达30.5%；也有不少老人反映，上了年纪，日常吃饭、就医面临不便。今年2月，集"医、养、食、学"功能于一体的社区民生综合服务中心建成，不仅有长者食堂、长者学堂，还提供中医理疗、社区养老等服务。

2022年，台江区委把机关科级干部下派到小区兼任党支部第一书记，推动基层治理水平和干部能力双提升。截至目前，已有461名干部下沉小区，覆盖了所有社区网格，累计收集项目难点和群众关切问题1020个，推动解决电梯加装、小区绿化等群众急难愁盼问题793个。

如今，苍霞新城改造提升仍在有序进行中。"我们将继续弘扬'四下基层'优良传统，坚持'马上就办、真抓实干'，持续整合资源、资金，推进便民配套建设，打造'15分钟便民生活圈'，让居民享受更高品质的生活。"陈婀娜说。

（付文 《人民日报》2023年12月26日第1版）

从上山种树到智慧林业

林子不算大，总面积 1207 亩，在福建宁德周宁县 8.4 万公顷的森林总面积中，只占不到 1‰。

从荒山到青山，数十年间，这片林子里的每棵树都倾注着黄振芳一家的心血。

林子位于周宁县七步镇后洋村，是黄振芳的家庭林场。

40 年前，后洋村还很穷，黄振芳一家更是村里出了名的贫困户。"那时候，家家户户穷得叮当响，谁家没钱，就上山砍几棵树。久而久之，山被砍秃了，也没能富了口袋。"黄振芳的儿子黄传融说。

20 世纪 80 年代，中央出台政策，明确林木谁种谁有。可是，对于新政策，村民们一度顾虑重重，踟蹰不前，"林业收获周期长，至少得 10 多年吧，等太久了""种树啊，还不如打工赚钱快"……

"穷怕了"的黄振芳决心放手一搏，在绿水青山中找出路。他算了一笔账：当时，1 立方米树木就可以卖 1200 元。假如 1 棵树能赚 1 元钱，种 1000 棵就能赚 1000 元钱。

说干就干！黄振芳贷了款，毅然带领全家上山开荒、挖穴、种树。

那几年，黄振芳成天与树为伴，对树种的研究越来越深入。他引进速生林，以弥补树木生长慢的缺点，还在速生林中套种了马铃薯、玉米等，采取"以短养长"的方式增加收入，还清了贷款，还有盈余。

黄振芳的事迹传开了。"森林是水库、钱库、粮库。"越来越多的村民扛起锄头，植树造林。当地党员干部加大政策宣讲力度，提供技术指导、资金支持，和村民们想在一起、干在一起。

时光流转，小树已参天。家庭林场也从黄振芳传给了黄传融。

午后，黄传融在林场除草。林下，草珊瑚结出了红色的果实，黄精正等待来年春天的新叶。"等来年丰收，收入很不错的，还有林下养蜂，一年就有 60 多万元！"黄传融说。

林子里有座管理房，住着黄振芳一家。2020 年，黄振芳的孙子黄宇斌从深圳返乡，也一头扎进了林场。管理房内，货架满满当当，不少产品就来自林场。角落里搭起一方小小的直播间。"这片青山就是我回来的理由。"黄宇斌说，"我希望将新思路带回林场，把这里的绿色产品推广出去。"

11 月 22 日，林场迎来几名老熟人。"老黄，又来看你了，最近怎么样？"宁德市林业局局长黄晓莺问道。这已是她今年第七次来黄振芳的家庭林场了。35 年来，宁德传承"四下基层"精神，今年以来又将学习推广"四下基层"作为学习贯彻习近平新时代中国特色社会主义思想主题教育的重要抓手。

黄晓莺一行在林场走走停停，看变化、聊问题。一年前，也是在这里，黄晓莺萌生建设智慧林场的想法。原来，林场人气渐旺，管护压力也随之增大，单靠黄振芳一家，明显力不从心。

那次回去后，黄晓莺便组织人员制订智慧林场方案。前阵子，方案进入实施阶段，黄晓莺这天是来跟踪问效的。林场内，无人机等设备正准备入场，红外摄像头已有分布。

一片林，除了黄振芳一家三代的操持，如今更多了科技力量的守护。"以黄振芳家庭林场为试点，今后我们还将推动全市智慧林业建设。"黄晓莺说。

（王崟欣 《人民日报》2023 年 12 月 29 日第 4 版）

"连家船民"有了稳稳的幸福

冬日暖阳下，福建宁德福安市下白石镇下岐村，村民们正在广场观看"福安评话"表演。

数十年前，这里的人们常年在海上漂泊。船连着家，家连着船，他们被称为"连家船民"。

下岐村村民江成财今年50多岁，皮肤黝黑，细纹爬上眼角，双手长满茧子，那是多年摇橹留下来的印记。回忆过去，他说："最怕刮台风了，有时在海上捕捞，一场台风突然袭来，大家就拼命摇橹想靠岸。"

变化来自上世纪末。福建省在深入基层调研的基础上，决定整体推动"连家船民"上岸定居，"没有'连家船民'的小康，就没有全省的小康"。1997年至1999年之间，下岐村建设2个新村、6个安置点，将2000多名渔民安置上岸。

"大家抱着被子，搬着锅碗瓢盆，在锣鼓声、鞭炮声中入住了新家，别提多热闹了。"下岐村村民江五全清楚记得上岸那天的场景。

从此，"连家船民"有了扎根的土地，开启了新生活。

搬上来、住下来，还要富起来。当地党员干部坚持传承弘扬"四下基层"优良传统，摸实情、出实招，解难题、促发展。

一开始，镇、村干部调研发现，许多村民刚上岸，除了打鱼，并没有其他的生产生活技能。干部们因地制宜，组织村民在周边2000多亩海域发展"名、特、优"新品种鱼类网箱养殖，鼓励村民进行远海捕捞，并积极对接工商、税务部门，争取海产品批发销售方面的优惠政策，帮助村民致富。

近年来，下岐村被确定为福安市委负责同志的联系点。当地干部多次到下岐村宣讲乡村振兴政策，调研产业发展情况，指导村集体入股打造下白石镇"海鲜一条街"、领办成立"连家船民"养殖专业合作社，帮助村里延伸产业链、拓宽致富路。

为巩固拓展脱贫攻坚成果同乡村振兴有效衔接，宁德市选派优秀干部下沉一线，担任乡村振兴指导员。2019年底，宁德市财政局干部陈瑞萍来到下岐村。她发挥专业特长，帮助管护村集体养殖塘，兜牢村财"家底"；帮助对接金融支持，争取各类贷款授信1200余万元。回忆驻村的900多个日子，陈瑞萍说："为乡村建设、经济发展拉项目、找资金，让村民的日子越来越好，我肩上的担子很重。"

如今的下岐村，立足渔业经济，因地制宜发展一二三产业，从单一的捕捞业扩展到水产养殖、建筑工程、商贸服务等多种产业，村民的年人均纯收入从上岸前的不足千元，增长到现在的3万多元，钱袋子鼓了起来。

富口袋，还要富脑袋。现在，村民都非常重视子女教育，年轻一代中"文化人"多了起来。村里已经培育出260多名大学生，有的到大城市发展，有的返乡创业。

陈凌毕业于军校，进过大企业，开过饭店，2018年辞去工作返乡，助力乡村振兴。陈凌学的是环境工程，他带领村民改善村容村貌，新建休闲长廊，发展乡村旅游。"我们在村里的渔民广场增加了海马、石斑鱼等图案元素，吸引了不少游客前来拍照打卡。"陈凌说。

郑月娥是"连家船民"的女儿，如今担任下白石镇党委副书记、下岐村党支部第一书记，谈到"连家船民"生活的变化，郑月娥说："安居又乐业，'连家船民'有了稳稳的幸福。"

（张洋 《人民日报》2024年1月3日第4版）

爱拼敢赢　创新不止步

福建晋江人，从不缺拼劲儿。一首《爱拼才会赢》，感染着每一位奋进的晋江人。

可当你问晋江人：什么是爱拼敢赢？不同人自有不同的答案——

"市场占有率已经第一，改还是不改？"1998年，面对企业管理体制变革，面对部分员工的疑惑，恒安启动三轮管理体制变革。"每一次勇于突破的背后，就是爱拼敢赢的精神！"恒安集团总裁许清流说。

"安踏，永不止步。创新，同样永不止步。"从氢科技到氮科技，从单只鞋不足100克，到跟随神舟飞船进入太空……近10年，安踏累计投入超60亿元用于研发创新。"敢为天下先，以创新引领行业发展，就是一种爱拼敢赢。"安踏集团副总裁李玲说。

晋江人爱拼敢赢的底气源自哪里？从当地人分享的几件小事中，或许能找到答案。

"三次管理体制变革，并非一条坦途。"许清流说，"遇到关键节点，相关领导多次来恒安调研，为我们指明方向、加油鼓劲。企业发展至今，每一次面对困难时刻，总有党委政府的关心支持。"

"模仿容易创新难，企业创新如何没有后顾之忧？"一次调研中，一家企业的顾虑直接催生了晋江市知识产权快速维权中心。

"为一家企业的诉求成立一个中心，是否合适？"面对疑问，晋江市知识产权快速维权中心负责人吴焕新说："只要是企业的共性需要，晋江干部就会不遗余力。"

"'晋江经验'揭示了发展市场经济与建设新型服务型政府之间的关系。我们要当好企业的服务员、推车手。"泉州市委常委、晋江市委书记张文贤说，"晋江经验"是晋江人拼搏进取、创新开拓的精神源泉和不竭动力。

科创是晋江未来发展的方向之一，晋江三创园已孵化科技型中小企业54家。周末，三创园内依然热闹。创业大街上，一场项目路演正在进行，台下坐着不少企业家和青年创客，张文贤也在其中。

"最近订单量怎么样？""来晋江是否习惯？"张文贤边看路演边同身边人交流。

作为三创园的常客，张文贤走进创业大厅，与园区、企业、项目方拉家常。几盏茶的工夫，张文贤对企业最新动向、问题诉求已大致心中有数。

赛创未来（福建）科技服务有限公司董事长金晖也在交谈之列。不久前，赛创引进一个海外项目，"原以为办理营业执照至少要半个月，最后只用了3天。"金晖说，"从员工住宿到融资难题，党委政府的关心，让我们看到'晋江速度'再上'加速度'。"

35年来，晋江传承弘扬"四下基层"优良传统，进一步丰富和发展"晋江经验"。2023年以来，晋江进一步将学习推广"四下基层"作为主题教育的重要抓手，通过深化"千名干部驻千企"、开展"一线工作法"、举办"企业家日""人才节"等，一线服务企业、一线解决难题。针对中小企业普遍反映的订单减少、成本上涨、融资困难等问题，张文贤密集调研，走访中小微企业20多家，与近100位企业家面对面交流，出台38项帮扶中小企业措施，清单式解决企业问题3835个。

如今，晋江大街小巷，《爱拼才会赢》还在一遍遍唱响。歌声之外，更多爱拼敢赢的故事还在每天发生……

（王鉴欣 《人民日报》2024年1月4日第7版）

基层壮筋骨　一线长才干

"老李，最近又刮旋风了没？"顶着烈日钻进树下，王祖联一边帮村民收拾枝杈，一边打听天气状况。

王祖联是福建宁德市清源镇党委书记。作为年轻干部，他在市委组织部的统一组织下，去年从市政协机关纪检监察组调任而来。

"九成是山，剩下的水、田各半；以传统农业为主，工业几乎为零；全镇1.73万户籍人口，在家的不到1/3。"王祖联一开口就勾勒出了清源的镇情。如此禀赋和条件，如何推进乡村振兴？初来乍到的他曾感"压力山大"。

干，才有出路。王祖联带着清源镇一班人落实产业规划、用足金融政策，高质高效推进特色产业发展。目前完成了种植茶叶2万亩、猕猴桃近3000亩、林下中草药2000多亩，数量都在全县前列。

如今在宁德，大批像王祖联一样的年轻干部在基层一线"经风雨"，扑下身子为老百姓干实事谋福利，自己也收获了沉甸甸的成长。

到基层一线去，锤炼干事本领

2022年，宁德出台《关于大力弘扬"四下基层"优良传统组织年轻干部到乡村一线培养锻炼的意见》，从创新干部培养、深化干群联系、健全人才流动、完善成果转化等4个方面，建立健全年轻干部培养锻炼长效机制。

"一些年轻干部不缺学历缺经验、不缺理论缺实践，不同程度地存在对基层情况不熟悉、贴近群众不够等问题；农村也面临人才紧缺、干部能力素质跟不上等困难，制约着乡村振兴。"宁德市委常委、组织部长陈惠说，让年轻干部到乡村"墩苗壮骨"，也是落实习近平总书记在宁德工作期间亲自倡导推行的"四下基层"制度的行动之一。

通过挂职锻炼、交流任职等方式，宁德的年轻干部分批次到基层和艰苦地区经风雨、见世面、壮筋骨、长才干。2022 年，宁德选派 10 名市直机关优秀年轻干部担任乡镇党委书记，选派 62 名选调生担任村党组织书记或村委会主任助理，41 名年轻干部到县信访局、乡镇班子和乡村振兴服务中心挂职锻炼。

王祖联就是 10 名乡镇党委书记之一。"原先干的是行业领域内的活儿，相对单一。现在只要是镇域内的事儿，不管大小都要放在心上。"他这样概括自己工作的变化。

海拔 600 多米的竹坪村，年日照时间长，条件适合种植猕猴桃。一有空，王祖联就往竹坪村跑。"王书记经常来，为我们解决实际困难，还帮着理清发展思路。"种植基地负责人李长春说。

去年 10 月，得知金融部门推出乡村振兴专项贷款消息后，王祖联立即帮李长春牵线搭桥。"月初申请的 200 万元贷款，月底就到账了。"李长春说，这笔贷款额度大、到账快、利息低，正好用来支付开荒改植、肥料人工等费用。

农业既要靠种植，又要应对极端天气；要谋划发展，还要处理矛盾。王祖联邀请福建省农科院专家，到竹坪村指导村民种植技巧；同时，搭建清源镇矮山片区猕猴桃党建联盟，整合技术、市场资源，引导乡亲们抱团发展。

去年 7 月开始，清源镇 4 个月没下雨，多个村子出现用水困难。正当王祖联为找水焦头烂额时，两个村子还因抢用灌溉水发生了争执。

"我叫王祖联，是清源镇党委书记，大家务必冷静！"他抓起喇叭亮身份，站在了两村村民中间。

"镇上出资打了一口水井，先解决燃眉之急，再把双方村干部和群众代表叫到一起，商定用水分配办法。"王祖联说，该道歉的道歉、该赔偿的赔偿，并商定用水分配办法，两村重归于好。

类似难题，张超上任后也遇到一件。他是选调生，今年2月被安排到福鼎市太姥山镇东埕村担任村委会主任助理。"查档案时，我发现村里一处近20亩的地块，亩均租金仅有3300元。"张超说。走访中他了解到，租客当起"二房东"赚差价。

"我们是签了合同的，你要想涨租金，就去法院告你！"租客气势汹汹地上门威胁。"别闹得不好看，不如先提到5000元，以后再慢慢上涨。"也有人前来递话说和。

"这块地交通便利，周边租金已经1万多元。这么低的租金，很不对劲。"张超找到村支书周克玲商量，"合同即将到期，再不回归正常价格的话，村集体还要继续吃亏。"周克玲鼓励他："只要是出于公心，没什么好怕的，我支持你！"

张超邀请第三方资产评估公司评估土地价值，联系律师查看合同条款，为提租谈判做好充分准备。最终，东埕村以每年每亩1万元的价格将该地块出租。"村集体每年增收13万多元，我们准备用这笔钱建设健身广场，让老百姓分享集体经济成果。"张超说。

"硬骨头啃多了，办法就多了，底气更足了，干事创业的本领自然就更强了。"张超说。

到群众中去，提升群众工作能力

宁德市委组织部曾有一份调研报告显示：全市35岁以下干部中，没有农村工作经历的有7000多人，占比达2/3，不少干部存在对基层情况不熟悉、群众工作方法缺乏等问题。

"我们分批组织年轻干部到农村开展实践锻炼，每批为期 3 个月，每月集中开展 5 天、累计不少于 15 天，力争在 3 年内覆盖 35 岁以下没有乡村工作经历的年轻干部。"宁德市委组织部副部长陈梅仔说。

宁德市要求每名年轻干部至少与 20 户群众拉家常，通过看"田面、人面、市面、路面、屋面、桌面"，了解掌握村情民情社情，帮助协调解决群众急难愁盼问题。

今年 32 岁的杨龙贺是一名博士选调生，完成一周的岗前培训后，他就被派到了寿宁县南阳镇含溪村担任第一书记。

含溪村是南阳镇最偏僻的村，到镇上要走 11 公里的山路。"以为自己去的是东南沿海，没想到一来就被派进了山沟。"杨龙贺说。刚开始对如何开展工作手足无措，他决定先入户了解村子情况。

"听说他是博士，不会'镀镀金'就走了吧？""他没经验、没资源，能给咱村带来啥？"面对议论，杨龙贺不为所动，继续走村入户。

一段百余米的村道，被车辆压坏后，久久未能修复。"不少村民反映这个问题，可钱从哪里来？"人生地不熟的杨龙贺，凭着一股冲劲，找到了县交通局的一名副局长。"他看我为乡亲们的事东跑西走，很受感动。正好局里有相应项目可以支持。"杨龙贺说。不久后，村道修整一新，村民对他刮目相看。

"我就住在村部，从那之后，越来越多老乡找我聊天，对村子发展提意见。"杨龙贺办了一件实事，也打开了一扇门。

更换年久失修的路灯、为村中心荷塘布置夜景、在有安全隐患的溪边加装护栏……随着一件件小事的解决，杨龙贺慢慢走进了村民心里。

年过七旬的叶婆婆和 7 岁的孙子都是聋哑人，每次外出回到村里，杨龙贺总会带点米面油前去探视。去年 8 月的一天傍晚，叶婆婆来到村部,往杨龙贺怀里塞了一个塑料袋转身就走。"我打开一看,是 15 个鸭蛋,一下子鼻子就酸了。"杨龙贺动情地说。

村里后来开展人居环境整治,动员村民发展舍饲养殖、拆掉私搭乱建的鸡窝猪圈,"不等村干部上门做工作,叶婆婆就主动拆掉了棚圈,让我很感动。这也说明,只要用情用力,就没有难做的群众工作!"

问需于民、问计于民,也是张超的工作办法。"驻村以来,我走访了将近 100 户群众。"张超说,"有时经过茶园,就跟着老乡学采茶,聊聊对村里工作有啥建议。"

去年 11 月,村里开始征地,涉及 81 户。"有一天晚饭时,我买了一箱牛奶去村民家里做工作。碰巧老乡从地里回来,正喝着自家酿的米酒解乏,让我也尝一尝。"

喝还是不喝?张超颇为纠结。"想着先干为敬,我就喝了一大碗,再详细介绍征地政策,解释后续保障措施,打消乡亲们的后顾之忧。"张超说。老乡看他为人实在、不端架子,口风终于松动。

"做科研、写论文要费脑筋,做好群众工作更要花心思。和乡亲们打交道,讲实话、讲真话,才能拉近彼此距离;设身处地为他们着想才能得到支持。"张超俨然已是群众工作的行家里手。

将心比心、以心换心,年轻干部们褪去青涩和稚嫩,用真心付出得到了老百姓的认可。

到火热实践中去,为基层带来新理念

今年 2 月 20 日深夜,太姥山镇突降暴雨。樟岐村一家养猪场因排水不畅,造成污水外泄,导致东埕村七八家养鱼户的鱼短时间内大量死亡,受损养殖户赶到养猪场讨说法。"我们到的时候,张超已经在安抚乡亲们的情绪。"周克玲说。

"为了避免产生纠纷，他找来矿泉水瓶，在猪场和鱼塘里取样，送到福鼎市生态环境局化验比对。"周克玲说，最终为养鱼户争取了11.7万元赔偿，养猪场能承担得起，老百姓也很满意。

固定证据、数据说话，目睹张超的处理过程，周克玲很感慨："年轻人的到来，的确为基层带来更先进的治理理念。"

去年9月，汤秀梅从宁德市国有资产投资经营公司来到寿宁县信访局挂职副局长。

法学专业出身的汤秀梅，利用专业知识将信访事项分类处理。她参与解决历史遗留问题和源头治理两个专项行动，从57件历史积案中梳理出13件涉法涉诉事项，建议上访人通过司法途径解决问题，经她梳理出的历史遗留问题，化解率在96%以上。

"她在信访事项化解过程中，善于运用法治思维，悉心引导信访群众、相关单位依法办事。"寿宁县信访局局长王枝松说，去年全县信访总量、重复信访占比、网上信访量同比分别下降14.7%、29.8%、21.3%，并成功获评"全国信访工作示范县"。

跟汤秀梅一批，陈志勇从宁德市文旅局调任福鼎市嵛山镇党委书记。嵛山岛风景秀丽，旅游发展迅速，但基础设施滞后，游客体验较差。

陈志勇发挥所长，争取上级支持筹建旅游环岛公路，并配套建设游客驿站、观景台等设施；打造海岛民宿样板区，引导当地群众将自家住宅改造升级成乡村民宿；引进集小吃、火锅、购物、娱乐等功能为一体的文旅综合体；策划举办音乐文化节，提升海岛知名度……

多年文旅部门的工作经验充分释放，陈志勇为嵛山岛带来新活力。

如何让年轻干部尽快融入基层，充分发挥专长，在基层一线闪光？宁德形成了一套工作机制。

宁德按照"一县一主题",组织编写《宁德市年轻干部"四下基层"教材选辑》,形成系统规范的课程体系,并打造 104 个实践基地,便于年轻干部深刻感悟习近平新时代中国特色社会主义思想的真理力量和实践伟力,目前已经开发出 320 多个实践项目。同时,宁德遴选 110 多名经验丰富的领导干部、老干部、乡村振兴指导员等担任实践导师,实行"师带徒""导师帮带"制度,及时解疑释惑。

为加强挂职任职年轻干部的日常管理,宁德坚持"实绩"导向,经常性、多渠道考核了解其现实表现,作为年度考核、奖励惩处、选拔任用的重要参考。对担任乡镇党政正职的干部,宁德市委组织部针对性实施单列考核,了解其敢不敢扛事、愿不愿做事、能不能干事,考准考实干部干了什么事、干了多少事、干的事组织和群众认不认可,激发干事创业的积极性。

宁德还建立了优秀年轻干部信息库,有针对性地加强跟踪培养,在提拔使用、职级晋升、评先评优中优先考虑。2022 年以来,一批选派实践锻炼的优秀年轻干部脱颖而出,从中提拔使用 58 人、职级晋升 66 人、交流到重要岗位重要部门使用 43 人、当选"两代表一委员"13 人。

活动开展以来,有效促进了干部长才干、群众得实惠、乡村添活力。采访中,一些市直、县直机关负责同志不约而同地表示,参加实践锻炼后,年轻干部们工作作风更加务实进取,在落实工作中更能站在群众角度考虑和解决问题。

(付文、施钰 《人民日报》2023 年 6 月 6 日第 18 版)

走好新时代党的群众路线

"目前最盼望的是办理土地合宗手续，县委书记带着县直部门相关工作人员现场办公，协调解决问题，明确专人指导。"福建省闽东力捷迅药业股份有限公司董事长林苑说。

7月11日，福建省宁德市柘荣县领导干部来到柘荣县制药工业园区，为企业送政策、办实事、解难题，力捷迅药业人才公寓用地等问题的解决有了明确时间表。这是宁德市各级领导干部传承"四下基层"优良作风的新近一例。

宣传党的路线、方针、政策下基层，调查研究下基层，信访接待下基层，现场办公下基层——"四下基层"是习近平总书记在福建宁德工作时大力倡导的。宁德市各级领导干部传承"四下基层"优良作风，深入田间地头、企业车间，问需于民、问计于民，在基层一线宣讲政策、发现问题、化解矛盾、推进工作，走好新时代党的群众路线。

在基层一线办实事解难题

闽东力捷迅药业股份有限公司依托当地特产太子参，生产的复方太子参颗粒等产品年销售额 5000 多万元。

"农户种一亩太子参，能卖 1 万元。"林苑说，"为进一步扩大产能，吸引更多人就业，公司正筹建人才公寓，希望在用地方面得到支持。"

"目前我们正对公司周边的土地进行收储、清理和平整，预计 3 个月完成,届时可解决人才公寓用地问题。"现场办公会上,柘荣县自然资源局局长江平介绍。柘荣县委书记张晓容说:"闽东力捷迅药业为太子参产业的发展作出了贡献,我们将努力提供更好的服务。"

2022年,为精准落实有关政策举措,柘荣县建立"专班推进、专人挂钩"机制,成立生物医药等7个产业工作专班,由县级领导干部牵头挂钩全县规模以上企业,每月至少到挂钩企业现场办公、实地调研一次。

以"四下基层"机制为重要抓手,宁德市引导广大党员干部扑下身子,深入基层一线,研究解决问题。

享有盛誉的福鼎白茶,是福鼎市全面推进乡村振兴的支柱产业。全市现有2800多家茶叶加工企业,可提供10万多个就业岗位,直接带动30多万人增收。

福鼎市成立茶产业发展领导小组,明确责任部门、划定责任片区,每两月召开一次茶产业发展现场会,市领导带队深入茶企、茶园调研,破解生产、加工、销售难题,助力茶产业加快发展。

"我们推进基地化生态茶园建设,建立全市茶园茶企大数据库,完善防伪溯源系统,推动茶产业绿色高质量发展。"福鼎市人大常委会主任、茶产业发展领导小组常务副组长蔡梅生介绍,目前全市基地化茶园面积达20多万亩,2300多家企业、7.2万多户茶农纳入大数据溯源系统。

宁德市明确市县两级党政领导班子成员每年到基层调研时间不少于60天,通过深入调查研究了解民情、掌握实情,做到科学决策、民主决策,推动经济社会高质量发展。

宁德市市长张永宁带领市直有关部门负责人深入企业调研并召开座谈会,详细了解企业经营情况。经过细致调研,宁德推出一批务实管用、含金量高的"一页纸"政策，逐一配套政策解读文件、兑现操作细则，并更新发布 25 类 33 项"免申即享"政策清单。

2022 年，宁德市累计减税降费 85 亿元，提供再贷款、再贴现、信用支持等各类资金 52.2 亿元，发放纾困贷款 18.8 亿元、普惠小微贷款 500 亿元。

面向基层建立常态化宣讲机制

"弱鸟先飞飞更高，滴水穿石劲更坚。齐心建设新家园，撸起袖子加油干……"柘荣县城郊乡靴岭尾村剪纸传习馆里，柘荣县小板凳宣讲队员的快板表演吸引了村民们。"说的是老百姓身边的事，讲的是我们听得懂的话，还有本土特色的文艺表演，大家都爱看。"村民刘冬宝说。

"从村集体经济收入几乎为零，到去年收入 52 万元，全村人均可支配收入达到 2.8 万元，靴岭尾村发展驶入了快车道，靠的是党的好政策。"靴岭尾村第一书记吴雪香感触颇深。

2020 年初，由县领导带队的宣讲团来到靴岭尾村，宣讲主题是推进乡村振兴。"找准特色产业，发展一村一品，发挥能人示范作用……"一场宣讲下来，吴雪香的本子记得满满当当，发展思路也随之打开："村里剪纸已有 400 多年历史，家家户户都会，能不能以此破题？"

宣讲活动不仅传递了党的好政策，也凝聚起了人心、鼓起干群干劲。靴岭尾村挖掘剪纸文化，发展以剪纸文创为主的文农旅产业，剪纸越卖越火，游客越来越多，先后获得福建省"金牌旅游村"等称号。

"保障粮食安全，必须守住耕地红线，村里的 600 亩水田、300 亩农地，一厘一毫都要珍惜。""深化农村土地制度改革，赋予农民更加充分的财产权益。"在蕉城区八都镇猴盾村，宁德市委讲师团团长陈庆义从干部群众最关心的现实问题讲起，将理论政策转化为大白话，让群众在对比中感受发展变化。

紧紧围绕学习贯彻习近平新时代中国特色社会主义思想，宁德市面向基层建立常态化宣讲机制，不断创新宣讲形式，打造基层群众学习党的路线、方针、政策的"直通车"。近 3 年，宁德市县两级共组织宣讲小分队 180 多支、宣讲员 2500 多名，宣传宣讲 4 万多场次，受众达 310 万多人次。

用心用情用力做好信访工作

宁德市拥有海域面积 4.46 万平方公里，占全省 1/3 左右，全市约 60 万人从事海上养殖、捕捞和海产品加工销售。

夕阳西下，霞浦县北壁乡东冲村码头海域碧波荡漾。"渔民的大部分作业时间在海上，日常办事不方便。"北壁乡党委书记林彦伶说，乡里在这片渔民出海的必经之处建立"海上社区"，成立党群服务中心、诉求服务中心和设施技术服务站、绿色养殖服务站，为渔民提供证照办理和养殖技术服务等，同时调解矛盾、化解纠纷。

"前不久我家养殖证丢了，出海回来顺路就到'海上社区'补办，方便多了。"大黄鱼养殖户雷宗相说，过去要专门抽时间上岸，乘公交车到乡里办理，费时费力，还影响生产。

着眼把矛盾纠纷化解在基层、消除在萌芽状态，宁德市各级领导干部用心用情用力做好"送上门的群众工作"。"市县主要领导每月轮流到本级信访部门接访群众，并逐案落实包思想转化、包问题化解、包息诉罢访'三包'责任。"宁德市信访局副局长蓝晓清介绍，信访部门提前一周公开接访领导姓名、职务及接访地点等信息，方便群众知晓以及案件线索收集。

"希望能帮助重建家园，同时加大帮扶力度，解决岛上居民出行难。"今年 3 月，宁德市委书记梁伟新在霞浦县接待信访群众时，沙江镇竹江村几名遭受火灾的群众表达诉求。梁伟新仔细了解受灾情况、重建困难，现场与市县相关部门负责同志一起探讨解决办法，力求在最短时间内帮助受灾村民恢复正常生产生活。

为从根本上解决海岛居民出行问题，进一步改善海岛居民生产生活条件，梁伟新还对全市海岛村发展情况开展调研，牵头研究制定支持海岛振兴的 9 条政策措施。竹江村也被纳入政策支持对象，目前正在积极打造"生产美、生活美、生态美"的和美海岛村。

宁德市信访部门梳理了一批典型问题，推行重点事项带案下访。2022 年，全市各级领导干部共下访接待群众 2812 批 6172 人次，推动解决各类信访积案和信访突出问题 184 件，化解矛盾纠纷 1178 件。

持之以恒畅通和规范群众诉求表达、利益协调、权益保障通道，宁德市信访秩序不断好转。2022 年，全市信访总量同比下降 5.4%，重复信访同比下降 18.5%，信访事项及时受理率、按期答复率均达 100%。

（蒋升阳、付文、王鉴欣 《人民日报》2023 年 7 月 23 日第 1 版）

全县一张网　清水送到家

　　走进安徽省和县金马村村民汤寿经家中，打开水龙头，清澈的自来水哗哗流下。就在一个月前，用水还是让汤寿经头疼的问题："过去村里要么三天两头停水，要么就是水压太小，光是增压泵就用坏了好几个。"

　　今年10月，金马村等7个用水问题突出的自然村完成了二、三级供水管网改造。县水利局不仅对管网进行了重新设计，原先进村的75毫米管道也更换为150毫米管道。"不用担心用水问题了！"汤寿经说。

　　第二批主题教育开展以来，和县聚焦百姓迫切关心、亟须解决的农村用水问题，推动领导干部"四下基层"，满足群众在用水方面的需求，推动实现城乡供水一体化。截至目前，全县已铺设供水主管网168.5公里，铺设二级管网约60公里、三级管网约145公里。

调研——
不该缺水，为何村民还用不上水

　　除夕，金马村党支部书记尹守来的电话响个不停。电话不是亲友的新年祝福，而是村民的投诉："大过年的，怎么停水了！"

　　和县是劳务输出大县，每到春节，大量人口回乡，用水量能达到平时的两倍。平时金马村就三天两头停水，用水高峰更是如此。今年春节，村里部分区域的停水时间达到了7天。

然而，和县并不缺水。该县濒临长江，拥有 41.6 公里长江岸线。县内水域面积达 118.91 平方千米，为县域面积的近 1/10。

不缺水，老百姓为何还是反映用不上水？对此，和县水利局局长张平带队对县内 9 个乡镇进行了调研。

张平告诉记者，他们去村民家中调研时，特地选在上午 10 时—11 时的用水高峰期。"各家各户都要做饭了，村里的水压足不足，平时够不够用，打开水龙头一目了然。"

张平和同事们的调研对象不仅有村民，还有镇村干部、自来水厂负责人。村民用水的主要困难、管道铺设情况、自来水厂的运营现状……这都是他们要了解的地方。

调研发现了症结所在。

早在 2005 年，和县就通过招商引资，在全县范围内建设了 22 家小型自来水厂。2016 年，22 家水厂又合并为 12 家。小型水厂让和县快速实现了自来水全覆盖的目标，但也带来了不少问题。

最突出的是水质得不到保障。虽然和县濒临长江，但小型水厂为节省成本，大多就近在内河或水库内取水。相较于长江，内河和水库更容易受到环境和气候影响。

同时，管网布局不合理。12 家水厂将和县分割成了 12 个供水区域，在管网布局上缺少统一规划。

"供水应遵循就近原则，哪家水厂更近，就用哪家的。但分割区域后，位于供水区域交界处的居民就可能要舍近求远。"张平说。

水厂规模小，意味着运营管理水平参差不齐。"有些水厂的制水工艺还比较落后，部分自来水管道存在出水口太小或老化漏损严重的情况。"和县水利局副局长高方清说。

改造——

铺管网、再规划，城乡供水一体化

如何改变现状，让群众用上水、用好水？

当务之急是将原先分割的各个供水区域合并归拢，在全县建设城乡供水"一张网"。

对此，和县印发工作方案，明确由乡镇为主体，水利局牵头，县直有关单位配合，共同推进全县小型水厂的移交。

截至目前，已有9家自来水厂完成移交，由和县华水水务有限公司（前身为和县自来水厂）统一管理，剩余水厂也将在年底完成移交。

移交并不意味着仍要通过原有的农村水厂给村民供水。"在改造设计中，我们打破了行政区划和原农村水厂供水区域的界限，对整个和县的供水管网进行重新规划设计。除保留部分仍能使用的管网和泵站外，停用了大部分农村自来水厂的制水设施。最终由从长江取水的和城水厂、濮集水厂保障全县用水，建设全县用水'一张网'，实现城乡供水一体化。"高方清说。

与移交水厂同时进行的还有供水主管网的铺设。目前，和县已铺设主管网168.5公里，将和城、濮集两家水厂的水送到每个乡镇。为保证主管网水压，在原有泵站的基础上，新建了4座泵站，还有4座泵站扩建工程正同步进行施工，预计年内投入使用。

过去，西埠镇西埠村村民杨道营家里常常停水，只能拿桶去1公里外的女儿家接水。见到记者的当天，杨道营家刚接上新的供水管道不久："现在好了，水清！水量也大！"

西埠镇水利站站长杨献丰告诉记者，原先杨道营家由15公里外的濮集水厂供水，处于整个管网的末梢，水压减小明显。在全县"一张网"建设下，西埠镇现在接上了来自和城水厂的主管网，从主管网到杨道营家不到 1 公里。

铺设主管网还只是实现城乡供水一体化的第一步，让自来水入村入户，还需对二、三级供水管网进行改造。

改造分两批进行。从今年 7 月开始，和县水利局牵头，与各镇、华水水务负责人一起，全面摸排各镇二、三级供水管网情况。根据摸排结果，各镇供水问题最突出的行政村被确定为第一批改造区域，管网改造长度超过 200 公里。

截至 10 月底，第一批改造已全部完成，共铺设二级管网约 60 公里、三级管网约 145 公里。第二批将在 11 月下旬开工，预计明年 1 月底前完成。"保证群众的用水问题能够在春节前彻底解决。"高方清说。

保障——
智能化监测供水情况

在和城水厂的反应沉淀池内，水声哗哗，来自长江金河口段的江水正通过管道从 6.5 公里外运输到这里。华水水务负责人田智林告诉记者，和城水厂日处理水量已达 10 万吨，为全县超过 90% 的区域供水。华水水务的供水调度监控中心亦在此地。

走进调度监控中心，映入眼帘的是一块巨大的 LED 屏幕，上面显示着全县各个泵站的分布和运营情况，右侧则是各个泵站的具体数据。点击"卜陈一体化调峰增压泵站"，进水量、出水量、水压、用电量……关于该泵站各个水泵的运行情况展现在记者眼前。

"华水水务已经实现了对全县供水情况的智能化监测。如果泵站出现故障，或水流出现异常，系统会自动提醒，我们也会及时派人跟进处理。"田智林说。

前段时间，因城市雨污分离管道施工，和县中心的一处输水管道破裂。华水水务及时发现，连夜组织人员对水管进行切割，同时更换新的管道，在凌晨顺利完成抢修，保障了群众的白天用水。

"新塘村有两处水管破裂！"在功桥镇供水服务群内，新塘村村民黄世平发送了这条消息，并上传了两张水管破裂的图片和一段视频。不到 5 分钟，华水水务工作人员盛珊珊就给出了回应："请您告知联系方式，我们与您联系解决。"了解具体情况后，华水水务维修人员当天就对破裂的管道进行维修。

在和县，各镇都建立了这样的居民供水服务群，群内既有华水水务的运营维修人员，还有县水利局和乡镇相关负责人。群众遇到问题，均可通过微信群及时反映。"目前，每个乡镇都有专门的维修人员。我们要求维修人员和居民取得联系后，半小时内必须到场。维修也不局限于管网，要一直服务到居民的水龙头。"张平说。

（罗阳奇 《人民日报》2023 年 11 月 21 日第 14 版）

锚定目标任务 见行动出实效

在学习贯彻习近平新时代中国特色社会主义思想主题教育中，重庆市全面落实党中央决策部署，紧扣主题主线，锚定目标任务，周密安排、精心组织，总结运用第一批主题教育的成功经验，推动第二批主题教育走深走实。

学思践悟，理论学习入脑入心

在第二批主题教育中，重庆始终把理论学习作为坚定理想信念的重要途径，通过丰富多样的形式，推动习近平新时代中国特色社会主义思想入脑入心。

南岸区聚焦学习重点，根据各层级不同特点，有针对性地开展主题教育，确保学深悟透，实现党课与研讨有效融合，"党课开讲啦""干部大讲堂"等各类活动深入开展。

为确保理论学习全覆盖，南岸区充分发挥党群服务中心阵地作用，设立学习"打卡点""充电站"100余个，采取送书上门、结对帮学等方式，依托理论宣讲队伍，面向基层党员开展理论宣讲450余场，覆盖2万余人次。

重庆全市县处级以上领导班子把"学思想"贯穿始终，采取党委（党组）会议、读书班、中心组学习、个人自学等方式，原原本本学、认认真真悟。区县领导干部立足岗位职责，认真学习习近平总书记重要讲话和重要指示批示精神，区县领导班子在完成不少于7天的读书班学习之后，坚持每月开展不少于1次中心组专题研讨。

深入调研，对标对表抓好部署

各区县针对不同层级、不同对象特点，分领域制定具体方案，细化实化工作举措。

抓住"牛鼻子"，精确选题。江北区聚焦最突出最迫切的问题，注重"小切口"，区级领导和95个区管单位领导班子成员分别确定调研课题。

安置房产权办理、物业矛盾纠纷化解、老旧小区加装电梯、新建小微停车位……聚焦"八张问题清单"和群众反映强烈的民生问题，江北区住房城乡建设委确定了8个调研课题和一正一反典型案例，领导班子成员全部深入企业、建设施工项目现场、物业小区等一线调研，已提出解决对策37个。

加强调研统筹，不搞大呼隆。两江新区党工委加强统筹，根据处级干部调研计划梳理出热点区域，提前作出调整，切实避免扎堆调研、多头调研、重复调研。

第二批主题教育中，重庆配合中央第八巡回指导组通过实地走访、座谈交流等方式，深入12个区县调研指导；派出20个巡回督导组和5个明查暗访组，对区县"一竿子到底"严督实导。

对于调研发现的问题，确保不折不扣落实整改。通过建立上下联动整改整治工作机制，畅通问题移交渠道，重庆推动第一批、第二批主题教育单位问题整改纵向贯通、双向认领、形成"回路"。

惠民利民，"四下基层"办好实事

为做好第一批主题教育与第二批主题教育衔接联动，重庆把开展主题教育和解决基层实际问题紧密结合，推动领导干部"四下基层"，每月下访接访、现场办公，宣传宣讲政策、回应群众诉求、化解信访积案，解决了一批群众急难愁盼问题。

11月10日，北碚区澄江镇，四川仪表工业学校的7000余名师生坐上了首趟定制公交，享受"点对点"出行服务。过去，校门口上下班高峰期拥堵，给师生交通出行带来不便。

发现四川仪表工业学校师生出行存在不便的情况后，北碚区交通局立即牵头联动交通执法大队、运管部门、公交公司等相关责任单位到校开展走访调研，围绕学生出行问题发放调查问卷，掌握学生出行方式、出行方向等情况，及时调整公交安排，增设了学校大门至北碚城区的定制公交，将便民服务送到师生心坎上。

"雨天到底能不能充电？没有雨棚会不会漏电……"逢下雨天，高新区金凤镇新凤社区居民杨晓莲担心充电隐患，便通过金凤镇一体化治理智治平台，反映了充电桩缺少雨棚的问题。

社区网格员在接到平台派发的任务后，立即深入社区开展调研走访，通过现场查看充电桩情况，邀请专业电力人员实地检测，形成调研报告并通过手机端填入相关调研情况。金凤镇基层治理指挥中心在收到网格员情况报告后，给出加装雨棚的解决方案。民生实事快速解决的背后，正是金凤镇智慧基层治理体系发挥了作用。

目前，重庆各区县深入实施惠民暖心优服行动，大力推进"一件事一次办"集成服务。同时，通过民生热线、微信平台、网上调查等途径摸清社情民意，着力解决就业、教育、医疗、托育、住房、养老等领域突出问题。受灾区县抢抓进度推进房屋修缮、重建等灾后恢复工作，让人民群众切实感受到主题教育的实际成效。

（李增辉、姜峰、沈靖然 《人民日报》2023年11月22日第1版）

调研出成果　发展见实效

第二批学习贯彻习近平新时代中国特色社会主义思想主题教育开展以来，江西省南昌市紧紧围绕"学思想、强党性、重实践、建新功"的总要求，牢牢把握主题主线和根本任务，以县处级以上领导班子和领导干部为重点，坚决落实各项任务举措，同时针对不同领域、不同群体特点分类指导，力促调研出成果、发展见实效，推动主题教育有力开展、走深走实。

以严要求开局，有力有序向纵深推进

南昌市委和各级党组织强化思想认识，以严的要求开好局，以实的举措起好步，主题教育有力有序向纵深推进。

南昌市仔细摸排全市党组织和党员情况，特别是新兴领域党员以及流动党员情况，确保主题教育有效覆盖全市所有基层党组织和党员。

9月13日，南昌市召开全市主题教育动员大会，要求各级党组织"一周内快速启动、分层级动员部署、差异化方式推进"。南昌市委第一时间召开专题会，成立领导小组，完善组织架构，强化统筹协调和工作指导，制定全市工作方案，确保主题教育高质量开局。

南昌市坚持问题导向，组织党员、干部到困难较多、群众意见集中、工作打不开局面的地方调研，把加快构建现代化产业体系、提升优化营商环境作为调研出成果、发展见实效的突破口。

推动主题教育在基层党组织见行见效

南昌市结合实际，围绕乡镇（村）、街道（社区）、市县直机关、学校、医院、国有企业、新经济组织、新社会组织等领域和新就业群体党员、流动党员等类型，制定指导要求，细化分解开展理论学习、推动干事创业、认真检视整改3项重点措施，为不同领域、类型党组织及党员开展主题教育提供指引。

领导班子带着问题下沉一线，领题调研，推动重点工作。新建区建立"流动夜校"制度，每月第一个周五晚7时，在外地的党员通过"远程会议室"开展理论学习，推动流动党员理论学习全覆盖；青云谱区紧扣群众急难愁盼问题，围绕新就业群体服务保障、雨污分流改造等课题开展调研，制定的对策受到群众欢迎。

主题教育中，南昌县确定了壮大龙头企业推动汽车产业高质量发展、乡镇综治中心多元解纷机制等30个调研选题，深化网格管理等基层治理机制，组织党员领导干部进村入户听取意见建议，共组织"民情连心桥"活动9次，全县上千名领导干部参与其中，收集问题诉求上万个；南昌市"小个专"综合党委针对所属党员从业类型丰富的特点，强化政治引领、创新工作机制、突出分类指导，引导不同职业群体党员开展共学活动。

用解决问题实效检验主题教育成效

按照"深、实、细、准、效"要求，南昌市聚焦难题堵点、注重调研成果转化，破解发展难题。围绕调研、整改两个重点，南昌市出台在全市大兴调查研究的实施方案。各县区、市直单位形成"9+X"专项整治方案，推动实现整改整治上下联动、一体推进。

东湖区确定商贸消费扩容、楼宇经济发展、老旧小区改造等课题，区委和区政府班子成员下沉街道社区调研，及时把调研成果转化为推动工作的思路办法和政策举措；红谷滩区围绕未来科学城、营商环境、水环境治理等全区重点工作、现实难题，确立 31 个调研课题，结合"红谷连心会"等多种载体，深挖问题、深谋对策，推进调查研究落实落地。

进贤县围绕产业发展、社会治理等难点堵点问题把脉问诊，践行"一线工作法"，把学习成果体现到解决问题、推动工作上。了解到平菇销售困难后，进贤县长山晏乡党员、干部摸排辖区企业和学校食堂等收购意愿，为群众拓宽销售渠道。

深化"四下基层"破难题解民忧

南昌市持续深化践行"四下基层"工作制度，市级领导干部带头访城乡群众促治理提效、访经营主体促发展提质、访一线干部促作风提升，明确下基层访城乡群众、经营主体、一线干部 3 类对象，建立"四下基层、三访三促"工作机制，细化政策宣传、收集意见、解决问题、关爱帮扶等 6 项具体任务，真抓实干破难题解民忧，实实在在走好新时代党的群众路线。

安义县依托乡镇"萤火虫"行动，整合闲置校舍、养老院等资源，建成第一批 4 个"一老一小"幸福院；西湖区持续深化党建引领"幸福圆桌会"服务机制，开展典型案例解剖式调研，落实"民呼我为""接诉即办"机制，实行疑难复杂问题包案责任制，现场调度民生实事项目。

（郑少忠 《人民日报》2023 年 11 月 28 日第 1 版）

一线访民情　实地解民忧

翻开谢桂芳的走访日志，里头写满下乡入户时收集到的群众面临的难题：夜晚出门得摸黑、赶集买菜得绕路……

这位重庆市巫溪县委组织部部长把从基层了解到的群众诉求一一记录，回去再逐一研究解决。"不深入到一线去，在办公室里哪能收获这些线索。"定期到乡镇入户走访，已成为谢桂芳的常态。

第二批主题教育开展以来，重庆市巫溪县积极推动领导干部"四下基层"，34 名县级干部及 649 名县管干部常态化接访下访、现场办公，发现群众最迫切的诉求，找出难点堵点，解决了一批群众急难愁盼问题。全县信访登记总量同比下降 31.01%，下访事项化解率达 98.9%。

到一线去，发现群众真正诉求

清早，谢桂芳乘车直奔宁厂镇猫儿滩社区。宁厂镇位于大巴山深处，大宁河奔涌，切割出险峻的峡谷。临崖而建的猫儿滩曾是古时盐马古道必经之地，如今住的人不算多，百来名居民超半数是老年人。

巷道古朴，行人往来，路上一个身影，脚步迟缓，一瘸一拐。谢桂芳上前询问，得知大姐名叫石德荣，昨天夜里崴的脚踝，因为要照顾家里亲戚，还没等好全，一早就带着早饭往亲戚家去。

"夜里路黑得很，一个趔趄绊了脚，摔得可不轻。"石德荣指了指自己的左脚。

"路上没有灯吗？"谢桂芳关切地问。

"嘿，我从 1981 年搬进猫儿滩到现在，这么多年一直没路灯，摸黑走路太平常，哪知昨晚摔了跤。"石德荣说。

扶着石德荣上了路坎，对过是刘祖英家。谢桂芳叩开木门，主人家上前询问来意。谢桂芳没有亮身份，只当是来做客闲聊。乡风淳朴，泡起一壶茶，刘祖英热情招呼。

"听说夜里没路灯，晚上走路哪个办？"

"打手电筒、戴矿灯，办法总比困难多。可路况差，部分路段还有烂坎子。碰上下雨天，摔倒的不在少数，居民们盼着修路灯很久了。"

几杯热茶入口，龙门阵越摆越长。两人再聊家庭收入、看病住行、有何难处。再去隔壁几户人家，群众普遍反映，如今条件好了吃穿不愁，虽处城乡接合部，但还希望公共基础设施多多完善。

一天下来，谢桂芳深有感触："社情民意还是得靠实打实地走出来，多往一线跑，才能了解实情解民忧。"

临近傍晚，等来到宁厂镇政府小楼，宁厂镇党委书记李红军才得知谢桂芳在镇里群众家串了一天的门。开门见山，谢桂芳把记录的问题提出。

"说到底还是资金的问题。"李红军坦言："全镇 4 个社区、6 个行政村，只有猫儿滩没有路灯。猫儿滩缺少集体收入，我们也一直在寻找合适的项目资金，想把猫儿滩点亮。"

"资金的问题我也回去想办法，你们先下去多了解情况，想想怎么样能用有限的资金把效果做到最好。"谢桂芳说。

直面难题，从群众角度去解决

等记者来到猫儿滩时，路旁的太阳能电灯已全部安装完毕。黑色的金属外框勾勒出传统灯笼的形状，与灰白色的磨砂灯罩相得益彰，好不精巧。

"设计时我们充分考虑到猫儿滩悠久的历史，把路灯设计成传统灯笼的样式，美观又大方，与周围传统建筑群风格统一。"李红军说。

回到县里，谢桂芳积极帮助争取项目资金，两次利用调研的时间到社区回访，与镇干部一道参与路灯工程的前期推进工作。"我们在社区公告栏公示路灯修建计划，同时在下方附上电话，群众有任何意见建议我们都能第一时间获得。"李红军介绍，在群众建议下，考虑到后续维护及电费问题，镇党委会最终商定采取太阳能路灯的方案。

"随着技术迭代升级，这些年太阳能路灯价格也降了下来，按照每年的故障率估算，维护成本镇财政能负担，还更加节能环保。"李红军说。

除了路灯工程，在入户走访中谢桂芳还协调解决了宁厂镇唐家墩社区居民过河便桥修建问题；在社会治理中结合巫溪县山大谷深人员分散的实际，提出微网格管理办法……

"群众的急难愁盼可能就在身边。"巫溪县副县长、公安局局长吴海龙说。不久前的一个下午，位于县公安局斜对面的镇泉小学放学，因逢阴雨天气，接送学生的车辆接踵而至。车辆喇叭声、学生呼喊声、民警吹哨声交织在大雨中，拥堵不堪。

尽管学校周边交通一直是交巡警护学岗的工作重点，但对于学生的安全保障永远是重点。经过入校调研座谈，吴海龙得知学校共有学生3000余人，尽管已实行错峰放学，由于门口道路正在整修，下雨天来接孩子的车辆变多，仍架不住车多路窄。

得想法子解决。回来看着县公安局的停车场，吴海龙冒出个想法：碰上下雨天拥堵的情况，能否把公安局的停车场开放，职工的车停到地下车库去，家长的车停到公安局内的空地上，可以缓解不少道路的压力。

吴海龙迅速召开会议商议方案，通过分析研判拟定雨天校门口的临时交通管控措施：规划临时停车区域；增派执勤警力；逢雨天放学时段，道路临时停车区饱和时，县公安局停车场开放，供接送学生车辆免费停放。

县公安局还为学生在一楼划定了休息区由专人引导，放学的学生还能在这里休息，等待家长来接。

"多站在群众的角度思考问题，才能找出更好的答案。"吴海龙说。

带案下访，现场办公开出药方

难得的晴天。一大早，吴海龙带着几个县干部来到墨斗社区白马小区门口主街沿线，现场办公。

两天前，几名县领导分别来到县中心的两大广场，把信访窗口前移到了城市人员最集中的地方，直面群众。在巫溪县，县领导定点接访群众已成为常态，每月的10日、20日分别为县委书记、县长"接待日"。县级各部门每周至少安排1名领导班子成员轮值接访，乡镇（街道）每天至少安排1名领导干部到辖区公开接访。

接访活动中，家住白马小区的刘应康老人向吴海龙反映，小区门口缺少斑马线和红绿灯，过马路得绕上一大圈，还有不少人直接选择横穿马路，交通隐患相当大。吴海龙记录在案，回去后迅速联系相关部门，酝酿出这场现场会。

这不，除了吴海龙，县信访办、县城市管理局、县交通运输执法支队等相关部门负责人纷纷到场，为的正是要解决此前现场接访中收集到的群众诉求。社区提前下发通知，群众热情高涨。人行道上空间宽敞，三四十名居民一站，也是满满当当。

"今天我们几个县里的干部过来，就是要解决大家的困难，先请这次反映问题的刘大哥讲讲。"吴海龙说。

刘应康陈述诉求，一下说到现场群众心坎里："白马小区两侧都是在建的工地，买点东西都得到马路对面去。门前的渝巫路是上下高速的主干道，大车特别多，可小区门口却没有过街斑马线。要是想遵守法规安全过马路，就得往东走上一公里过街，往返就是两公里。"

"可不是吗，每次看着有人想省时间违章横穿马路，那叫一个揪心。"白马小区居民熊忠生说。

"白马小区住着 1236 人，加上对面的滨圆国际小区，这附近的 3 个小区共有居民 4600 多人。按照此前的规划，斑马线设在了白马小区一侧的在建小区门口，这头就没设置了。"墨斗社区党总支书记李云平说。

"从我们这两天了解的情况来看，群众的需求确实是相当迫切，小区超过一半居民是老年人，多修条斑马线确实能方便不少。"巫溪县信访办主任刘苗青接着说。

"我提个建议，一般来说两段斑马线之间距离要超过 150 米。考虑到渝巫路车流量较大，如果要加一条斑马线，可能还要重新规划红绿灯的位置。"巫溪县城市管理局副局长谭登焱说。

"道路交通安全工作，要本着方便群众的原则，保障道路交通安全有序。交管城管部门的同志回去研究下方案，看看怎么重新规划设计最能方便群众。"吴海龙说。

还有居民提议，能不能在小区门口加设公交站台，延伸公交线路。到场的相关负责人同样作出答复。"各相关部门单位要尽快制定方案，在执行上加速度，解决群众诉求。"吴海龙说。一上午的现场会，群众诉求一一得到回应。

（沈靖然 《人民日报》2023 年 12 月 5 日第 14 版）

深入基层一线　办好民生实事

第二批学习贯彻习近平新时代中国特色社会主义思想主题教育开展以来，海南省各级党组织和广大党员、干部紧密结合本地区、本部门实际，认真贯彻落实党中央关于主题教育的各项部署，确保第二批主题教育走深走实。

坚持以学促干，坚定担当实干

海南广大党员、干部把"学思想"作为首要任务贯穿始终。省内各地各单位组织引导党员、干部认真学习领会习近平总书记重要讲话和重要指示批示精神，通过举办读书班、讲授专题党课、开展专题研讨等方式，引导广大党员、干部深学细悟，推动理论学习往深里走、往实里走、往心里走。

坚持以学促干，坚定担当实干。海南锚定"一本三基四梁八柱"战略框架，加快推动海南全面深化改革开放和自由贸易港建设。

海口市党员、干部坚持用党的创新理论统一思想、统一意志、统一行动，努力做到学有所悟、笃行实干，奋力在海南自贸港建设中作出新的更大贡献。市发改委聚焦中心工作目标，瞄准全岛封关运作、抓项目促投资、区域协调发展、重点园区高质量发展等重点工作，持续谋划一批打基础、补短板、利长远的项目，努力把学习成果转化为推动自由贸易港建设的实际成效。

在澄迈县，新思路正打开新局面。在不断优化工程项目审批流程、提升审批效率的基础上，澄迈以小切口推动解决大问题，优化营商环境，推进制度集成创新，积极探索项目直通车改革。研发并在"海易办"APP上线"产业地图"，推动"产业地图"与"土地超市"平台融合，全面展示澄迈县园区产业现状配套、惠企政策、管控指标等信息，实现"产业招商＋获取土地"要素保障环节的精准匹配。

聚焦干部作风，激励干事创业

厕所改造存在安全隐患、垃圾分类程度较低，管道燃气服务不完善……近日，在深入儋州、琼海等 6 个市县 14 个乡镇实地走访了 130 多家农户后，海南省纪委监委驻省住房城乡建设厅纪检监察组将发现的 30 个问题进行通报并督促整改。

11 月 6 日，海南省委召开全省第二批主题教育暨调研服务企业、推进乡村振兴两大专项行动推进会，提出进一步转变工作作风、全面落实"四下基层"要求，激励干部担当作为，把学习成果转化为加快推进全岛封关运作、推动海南高质量发展的具体行动和实际成效。

海南省委始终把加强全省干部作风能力建设作为一项重要内容，将正向激励和逆向惩戒相结合，坚持正向为主，树导向、立标杆、明举措。为树立鲜明导向，海南省委通报表扬了第一批主题教育"立足岗位、解放思想、担当作为、开拓创新"的 30 名先进个人和 21 个先进集体。同时，印发《关于进一步激励干部在海南自由贸易港建设中担当作为的若干措施》，积极营造有利于干部干事创业的良好环境。

据统计，目前海南已优先提拔和进一步使用全省干部大考察推荐的优秀干部 70 人，对 29 名不适宜担任现职的省管干部和 59 名非省管干部进行调整。

坚持"四下基层"，着力惠民利民

第二批主题教育开展以来，海南各地各部门坚持"四下基层"，深入调查研究，走好新时代党的群众路线，解决群众急难愁盼问题。

在临高县临城镇东风社区，党支部38名党员充分发挥带头作用，以推动"三化服务"为开展工作的目标抓手，推进社区事项解决，推动主题教育见行见效。全面梳理人口、党员、单位等基础数据，将街道社区进行网格化划分，由3个党小组分别负责辖区3个街道，努力将矛盾化解在基层，实现"小事不出村"。

"为什么村里的事村民不想管？为什么堂善沟没有治理好？为什么电动自行车停放这么乱？"不久前，在海南省海口市秀英区长流镇堂善村全村党员大会上，老党员王迈性对堂善村基层治理工作提出问题。

有"问"必"答"。堂善村党支部深入调研走访，听民声、访民情，坚持边学习、边对照、边检视、边整改——支部工作聚焦群众关心的"关键小事"，激发村民参与治理的积极性；10天时间里，堂善沟畔26户村民主动拆除乱搭乱建；通过"数字治理"，有效解决电动自行车乱停放问题。堂善村党支部从民生关切出发，积极为群众办实事，以实际行动作出回答。

堂善沟黑臭水体治理是海口市学习运用"四下基层"制度、统筹推进农村黑臭水体治理工作的一个缩影。截至目前，海口市已有31个自然村完成了农村生活污水治理。

第二批主题教育开展以来，海南省通过深入基层一线问计于民、问需于民，实实在在办好惠民利民实事，不断增强人民群众的获得感、幸福感、安全感。

（赵鹏、孙海天 《人民日报》2023年12月15日第4版）

解剖一个问题　解决一类问题

乌禽嶂山脉南麓的广东省惠州市惠东县宝口镇是个岭南的僻静小镇。日前，惠州市委常委、组织部部长黎明来到宝口镇大围村，在走访看望年逾九旬的老党员谢丁喜时，一件小事引起他的重视。

谢丁喜家生活比较困难，黎明与随行党员干部临时决定给一些慰问金略表心意。由于事先没有准备现金，黎明想通过自己的微信扫码转账，然而，村里手机信号极差，转账怎么都完成不了。

"山区存在手机信号弱及通信盲点，直接影响到群众的日常生活。"黎明说。惠州市委高度重视这一问题，立即组织相关部门实施网络信号提升工程。惠东县随即召开加快5G产业发展联席会议，制定方案，对山区5镇61个行政村共计304个点位实施通信基站新建升级改造。惠州市会同铁塔公司及三大通信运营商筹资超10亿元，规划建设通信铁塔基站1000个，全面解决100多个偏远山区镇村手机信号弱、通信盲点等问题。

第二批主题教育开展以来，惠州市严防"四下基层"泛化、虚化、形式化，推动全市近1500名县处级领导干部分片联镇挂村，定点联系基层党组织，深入一线调研摸实情，常态化开展"下基层、解民忧、办实事、促发展"活动。为此惠州统筹建立县处级领导干部分片联镇挂村、镇街领导干部驻点联系村组的分级分类工作机制，"市—县—镇"三级领导干部全覆盖联系服务全市1332个村（社区）、10007个村小组，从机制上严防扎堆调研、经验主义等问题。

惠州市委组织部副部长陈惠强介绍，在"四下基层"中，全市各级领导干部认领课题 818 个，制定调研成果转化措施 2567 项，解决问题 1685 个。

在惠城区三栋镇惠大高速元山服务区，远远看到一片车棚顶光伏面板，新能源车车主徐某把车驶入服务区新建的"光储充一体化"超级快充电站，"每次上高速前都担心续航不够，有时要排长队充电，现在服务区也有快速充电桩，省时多了。"他说。

"我们走访调研时发现，随着新能源车的普及，充电成为不少车主关注的焦点。"惠州市能源和重点项目局副局长张力科介绍，"根据调研报告，我局加快制定了新能源车充电难题专项整治方案。"元山服务区"光储充一体化"超级快充电站负责人聂汉生介绍，元山服务区项目预计年发电量 100 万千瓦时，可以为往来的新能源车提供快充服务，同时自身能够实现盈利且可持续发展。

惠州找准制约高质量发展的短板弱项，同时突出调研成果转化，通过"解剖一个问题"推动"解决一类问题"，切实把"问题清单"转化为"成效清单"。比如在解决好新能源车充电问题的同时，惠州进一步推进重大科技成果转化运用、优化营商环境等，并出台《惠州市推动新型储能产业高质量发展行动方案》，探索 5 个市级新型储能示范项目试点，推动 21 宗新型储能制造业项目、58 宗新型储能应用项目动工建设。

（李刚 《人民日报》2023 年 12 月 18 日第 11 版）

深入群众　贴近群众　服务群众

第二批学习贯彻习近平新时代中国特色社会主义思想主题教育中，各地把学习推广"四下基层"优良传统作为重要抓手，推动各级党组织和广大党员、干部走好新时代党的群众路线，确保主题教育取得扎实成效。

组织力量下沉，讲解惠民政策

山东胶州市九龙街道旺海新村党群服务中心，几名乡村振兴指导员正向村民介绍党的惠民政策，畅谈村庄发展思路。主题教育中，胶州市把主题教育重点措施与"四下基层"相结合，推动机关干部深入群众破解难题，九龙街道党工委选派 84 名干部深入农村一线担任乡村振兴指导员。乡村振兴指导员孙长明有渔业生产经验，驻村后协助村党支部成立了渔业专业合作社，带着大伙儿一块干。合作社今年签下了 550 万元水产订单，村民和村集体都得到了实惠。

第二批主题教育开展以来，不少地方结合基层所需，组织力量下沉，党员、干部来到群众身边，党的好声音深入千家万户。

"单打独斗力量弱，抱团发展更有力……"在河北涉县鹿头乡杨家庄村黑木耳种植基地，"惠民实践团"志愿服务小分队队员正开展主题宣讲，介绍产业政策，进行农技指导。主题教育中，涉县的党员、干部加入"惠民实践团"，实实在在为群众办实事解难题。

各地采取多种形式组织党员、干部到群众中去。浙江完善"五级大接访"机制，推动党员、干部直击矛盾化解信访积案，做细做实"送上门的群众工作"，全省县处级以上领导干部接待群众 1.3 万批次 2.7 万人，化解信访积案 3936 件。福建平潭综合实验区开展党员、干部进村入企系列活动，建立"1+1+5"挂钩联系机制，即每名处级以上干部至少挂钩 1 个村居、5 家企业，实现所有村居、所有规上企业全覆盖。

深入调查研究，在基层一线察实情、出实招、办实事

发展难题怎么破，民生问题怎么解？各地通过深入调查研究察实情、出实招、办实事，推动工作落到实处。

重庆渝中区深入践行"一线工作法"，制定"信访接待下基层"工作方案，组织各级领导干部"进百家门、喝百家茶、说百家话"，面对面接访下访群众 1672 件次，着力解决群众信访问题 1178 个，包案化解疑难复杂信访问题 75 件，切实把问题解决在一线、矛盾化解在一线、工作落实在一线。

在山东淄博市，党员、干部自觉将"四下基层"制度落实到经济社会发展各个方面。高青县发挥"基层工作日"制度作用，组织领导干部到一线掌握实情、在一线推动工作，让基层干部成为企业发展的"解难员"、村民致富的"领头雁"。沂源县以直奔一线"大接访"活动为抓手，领导干部带着问题下访约访，形成工作闭环，推动处理矛盾问题 65 件；紧密依托"一站式"社会矛盾调解中心，完善工作机制，抓好信访问题源头治理。

四川资阳市聚焦 14 个方面调研内容，制定调研课题 95 个，计划重点研究解决问题 280 个，并及时把有价值的调研成果运用到决策部署、

政策措施中。针对调研中发现的问题，全市深化"多件事一次办""一网通办"改革，企业开办申请材料由 13 项压减至 5 项、全流程时限压缩至 4 小时。

通过深入调查研究，党员、干部把社情民意收集上来，把有效举措落实下去，形成指导实践、推动工作的新思路、新举措、新办法。

城中村改造是一项复杂艰巨的系统工程，主城区城中村改造更是如此。广东广州市海珠区以人口密度大、复杂程度高的康鹭片区为突破口，区委班子深入调研，寻找解决办法。摸清改造范围内村（社区）物业等详细情况后，区委班子提出了明确的思路和解决办法。如今，多年拥挤的"招工一条街"变成了通行顺畅、干净整洁的步行街。

聚焦民生关切，以实际行动解决群众急难愁盼问题

湖南澧县澧西街道护城社区红领巾家园是老旧小区，今年 9 月提质改造。居民提出了下水道破损和雨水污水混流问题，社区党总支将问题上报街道党工委，经分类汇总后反馈给县有关部门。县住房保障服务中心与县市政处等部门党员、干部实地探访、现场办公，回应群众关切，调整了小区改造方案：新增下水管网改造和雨污分流。如今，改造已经完成。主题教育开展以来，澧县将老旧小区改造纳入为民办实事的重要内容，全县 36 名县处级领导包片负责，党员、干部下沉一线，有效化解难点堵点。

第二批主题教育在群众身边开展，广大党员、干部用好"四下基层"这一重要抓手，到基层发现问题，以实际行动解决群众急难愁盼问题。

江苏宿迁市宿城区幸福街道党工委书记王加贵在走访中发现，金港花园小区存在停车难问题，群众反映强烈。党工委组织街道城管、物业

等部门党员、干部赴一线调研，掌握小区机动车数量和车位需求量，征求意见建议，整合闲置公共空间规划新建机动车位 43 个，同时协调小区东门公共停车场 38 个收费车位，为居民提供"潮汐式"错峰免费停车服务。

山东日照市东港区开展"察民情、解民忧、暖民心"活动，打造网格服务"微阵地"，开展网格"微议事"，将群众身边的矛盾纠纷发现在早、处置在小，构建起高效的网格化管理服务体系。第二批主题教育开展以来，已举办各类网格议事会 509 场，解决群众身边急难愁盼问题 450 个。

（孟祥夫、罗艾桦、王明峰、姜峰、孙超、白光迪
《人民日报》2023 年 12 月 20 日第 1 版）

老工业区向都市新城转变

青云谱区是江西省南昌市的老城区，也是省里的老工业基地。随着一些大型工业企业陆续退城进园，小区老旧、产业空心化等问题突出。近年来，青云谱区围绕"生态人文都市区、产业创新未来城"的战略定位，发展楼宇经济，推动产业转型升级。昔日的老工业区，正向富有活力的都市新城转变。

位于新溪桥西二路的洪都飞行乐园滑梯门口，小朋友排起了长队。"这个飞行乐园是由原洪都家属院一处废弃水塘改建成的，孩子们在家门口就有了免费游乐场。"居民熊忠莲说。

原洪都家属院的大变样，是青云谱区推进环境整治工作的一个缩影。2019 年以来，青云谱区聘请专业的设计团队，多方筹措资金，对 129 个城镇老旧小区实施改造，惠及居民 21 万人。

"我们聚焦民生需求，努力把每个街区都打造成一个小景区，不断提升群众的幸福感。"青云谱区委副书记、区长汪众华说。

街区漂亮了，大楼也别开生面。三家店街道电建大楼是青云谱区三家店街道品质特色楼宇，年纳税额超亿元。大厅的"楼层总索引"被多家电建旗下公司名称占满，年轻人进进出出，生机勃勃。

"目前，电建大楼已入驻了中电建城市建设有限公司、电控工程公司等 17 家公司，产业集聚度高。"中国电建集团江西公司负责人邹胜萍介绍，公司打算将现有的 93.47 亩低效用地再开发，通过集聚上下游、链接左右岸、延长产业链，推动楼宇经济集群化、规模化发展，探索

"产业园区＋楼宇"模式，归拢集聚打造江西电建总部基地。

在青云谱区，像电建大楼这样的税收"亿元大楼"正不断涌现。今年1—10月份，全区26栋在运营楼宇共产生税收收入11.65亿元，同比增长30.63%，楼宇经济税收收入占全区财政总收入的30.77%。

"最近生意如何？有没有什么困难？"青云谱镇楼宇经济服务中心专员温之萍一进入颐高广场，就碰到了刚入驻不久的江西卡泰驰汽车销售服务公司负责人龚宽宽。"区里没有机动车登记服务站，顾客买了车还要到很远地方去办手续，不太方便。"龚宽宽随口一句话，温之萍就记了下来。镇里收到信息后，第一时间梳理需求并函报区政府，目前车管所落地方案已初步通过。

"我们大力推行'四下基层 三访三促'工作机制，让问题'不出楼'，把服务'送上楼'，每名干部在楼宇一线强本领、转作风，把'民之所盼'变成'民之所赞'。"青云谱区委书记叶修堂说。

（郑少忠 《人民日报》2023年12月21日第12版）

修好连心路　解决出行难

驾驶着货车一路行驶在焕然一新的 305 县道上，即使北风在耳边呼呼吹着，江苏省淮安市盱眙县河桥镇朱刘村种植大户周纪勇的心中仍然流淌着暖意："要致富，先修路，路修得这么好，明年我们一定会有更好的收入！"

这条民生路，也是一条民心路。

"主题教育开展以来，淮安围绕让群众出行更加便捷安全的目标，致力于山区县道路面提升、城区低洼道路改善、全市交通综合整治 3 项重点工作，以实实在在的举措解决群众的揪心事烦心事。"淮安市委书记史志军说。

山区县道提升改造，村民运货更便利

305 县道，一头连着 205 国道，一头连着 331 省道，是盱眙县南部山区重要的横向交通"大动脉"，沿线辐射 4 个镇。

周纪勇回忆，这条路全线 58 公里，一直比较狭窄，再加上沿线许多村民将生产加工的粮食、药材、木材等，运送到周边城市或安徽销售，繁忙的运输导致道路损坏日益严重。

盱眙县交通局公路中心副主任李晓东介绍，2020 年开始，针对 305 县道的整修就已陆续进行，但老龙山街道至与 331 省道连接处的 9.18 公里区段，路面破损最严重、施工难度最大、群众呼声最高。今年以来，当地通过向上争取、财政配套等方式，筹集资金 3600 万元，下定决心彻底解决群众出行难问题。

李晓东说，施工在不破坏房屋及占用耕地的基础上，充分利用原有路基，对该路段改造提升，一次性解决路面破损和狭窄两个难题。修缮工程中还为沿线村民翻修和新建了 21 个涵洞、700 多米排水沟，并为村路与县道的搭接道口处铺设沥青面层 38 处。项目已提前完工，12 月正式通车。

"今年以来，淮安大力推进公路建设，348 省道白马湖及范集段、331 省道盱眙绕城段建成通车，环洪泽湖公路全线贯通，264 省道苏北灌溉总渠特大桥实现贯通，进一步提升公路畅通水平，在解决沿线群众生产生活问题的同时，也促进了乡村振兴、加快了经济高质量发展。"淮安市交通运输局局长徐成东说。

老城区低洼路治理，居民生活更舒心

对清江浦区盐河街道居民王宇来说，以前最害怕下雨天了。他家门前的淮金路，在清江浦区范围内长约 5 公里，每当下雨，这条路就会积水。

"淮金路原来依靠边沟排水，加上位置高，排水顺畅。随着城市发展，道路两边建起了园区，土壤硬化后吸水功能大为下降，而且路两边房屋建得高，路面成了'锅底洼'，要承受自身和路两边数百米范围的汇水。一旦下暴雨，沙袋也挡不住，只能等水慢慢排干。"清江浦区住房城乡建设局副局长夏浦介绍，这也是老城区不少道路面临的普遍问题。

为解决积水问题，今年雨季，清江浦区水利、市政等部门的党员干部在现场观测雨情，商讨方案，整治行动迅速开展：先对堵塞排水口的淤泥和杂草等进行清理，再历时近 40 天，将沿线 484 个立箅子全部更换为平箅子，与地面高度齐平，直接迅速地收水，让收水能力放大 10 倍；同时，更换了瓶颈位置的较窄排水管道 300 多米，在多处关键节点新增管道 598 米，并面向河道新开了 3 个出口。

除了排水，工作人员又为该路段修复沥青路面 823 平方米、人行道 100 平方米，种植绿植 500 多棵。

今年以来，清江浦区党员干部发扬"四下基层"优良工作作风，持续开展路域环境、人居环境治理。以此为契机，清江浦区摸排了全区 22 条积水路段，目前已有 15 个路段完成治理，受益居民超过 60 万人。

加强服务应用科技，交通高效更安全

从京沪高速淮安东出口下来，经过 233 国道与淮安区海棠大道交界处的红绿灯，淮安福兴祥物流有限公司车队队长徐正学拖着满满一车货物，将车停在最右侧车道上。

这条路徐正学已开了 20 年，感觉如此平顺还是在今年 9 月以后。徐正学告诉记者，这原是条水泥路，一下雨就坑洼积水，还不分车道，货车跑起来不方便。今年以来，区里对这条"门户路"进行整治，铺设了沥青、安装了信号灯和隔离带。交通更有秩序了，可新问题也来了。

徐正学和许多驾驶员发现，半挂车停在最左侧的车道上调头时，由于半径太短，一把头打不过来，还得向后倒一点——这不仅给后车带来安全隐患，还耽误十字路口通行。"我们在走访中获悉这一问题，立即开展实地调研，对该路口交通设施进行调整、优化。"淮安市公安局淮安分局交警大队开发区中队中队长倪殿启介绍。

更多科技元素也投入交通管理。今年 9 月，淮安交警部门针对 343 国道与 503 省道交叉口人流车流量大、周边居民斜穿马路导致多次交通事故的问题，迅速实施整治。除增设隔离护栏、警示桩、高杆灯外，还使用机动车测速设备和哨兵系统，不仅用高音喇叭提醒行人注意安全，还用爆闪灯提示驾驶员缓行。目前，该点段交通事故数量同比下降 66.7%。

淮安市政府副市长、市公安局局长赵立宏介绍，主题教育开展以来，淮安市公安交警部门成立交通信号配时优化中心，设置 60 条绿波带路段，整改交通安全隐患 52 处，治理交通堵乱点 37 处，有效提升道路通行效率、预防道路交通事故。

（何聪、姚雪青 《人民日报》2023 年 12 月 21 日第 16 版）

"实"字为要，推动高质量发展

第二批主题教育开展以来，安徽省合肥市坚持学做结合，明确重点任务，解决实际问题，努力将学习成效转化为增进民生福祉、推动高质量发展的强大力量。

为民办实事

民生无小事，枝叶总关情。看病顺不顺心、小区环境安不安全、停车方不方便……能否解决好这些群众最关心最直接最现实的利益问题，检验着主题教育的成效。

2014年投入使用的欣园小区，是合肥包河区单体最大的回迁安置小区。随着小区车辆越来越多，停车难成为居民的一大困扰。为了解决该问题，当地社区党委与人大代表、小区物业、街道社区建设部及相关区直部门加强联系沟通，发挥工作合力，先后召开了停车位改造及停车乱象整治项目议事会7次，并邀请相关楼栋居民参与会议，对停车位增设方案进行集体表决，坚持依法依规，平等协商议事，确定停车位改造方案。

经过改造，该小区在1756个车位的基础上，新增343个，同时正规划建设30个新能源汽车充电桩，未来还可根据群众需求动态调整。不仅如此，此次改造还增加了近3700个非机动车停车位，接下来将增设充电设备，进一步缓解非机动车停车难、充电难等问题。

民有所呼，我有所应。第二批主题教育开展以来，合肥市党员干部聚焦群众急难愁盼问题，积极践行"四下基层"工作制度，答好"民生题"，欣园小区这种喜人的变化，常常出现在群众身边。

"我只是随手写了一下，没想到真的安排人给我清理空调。"合肥瑶海区明光路街道金大塘社区居民孔德珍没想到，自己写在小区公示栏里的需求，真的得到了"满足"。原来，这是瑶海区开展的"行走小区、为民解忧"专项活动。该区坚持开门搞主题教育，组织全区领导干部、各级党员及新业态新就业群体代表等，敲开群众家门，聚焦微需求、开展微服务。越来越多居民在"没有想到"和"出乎意料"中感受到主题教育的温度。截至目前，该区共组建志愿服务微团队超 1400 个，组织党员走进小区、深入群众"面对面"承诺践诺 3100 余人次。

在主题教育开展中，合肥市切实把惠民生、暖民心、顺民意的工作做到群众心坎上，托起了群众稳稳的幸福。

为企解难题

惠及民生的同时，主题教育成果还"走"进了企业。

位于合肥新站高新区的合肥江丰电子材料有限公司，从事新型显示产业溅射靶材研发和生产。一直以来，这家企业生产的溅射靶材在省外有着不错的订单市场，但在合肥的本地配套率相对较低。副总经理迟建告诉记者，他们反映订单短缺的问题后，管委会便组织召开了产业链座谈会，通过多方协调，订单量迅速增长，目前在合肥本地的配套率已由 15% 提高到 22%。

第二批主题教育开展以来，合肥市坚持把"以学促干"贯穿主题教育全过程，持续化解企业发展的堵点、难点问题。

今年"双十一"前夕，一家快递公司致电合肥市公安局交警支队为企服务专窗，表示由于公司业务量激增，急需增加配送车辆并办理民生配送通行证。工作人员详细告知了办理流程和所需材料，开通办证绿色通道，在极短时间内完成了审核、打证、出证，解了企业的燃眉之急。

据了解，为方便企业的配送货车办理市区禁行道路车辆通行证，合肥市公安局交警支队推进电子通行证系统建设，达到"一次办结，全程网办"效果，同时进一步优化配送货车通行政策，便利配送货车在市区通行。

走进企业一线，找问题、破难题、抓落实。针对调研发现的空天信息企业融资需求高、投资周期长、项目落地融资难等问题，合肥高新区党工委领导牵头，空天专班深度谋划、专题研究，与中国人保财险推出全国首单空天信息产业专属保险产品——"空天保"综合保险，并与安徽正弦空间科学技术有限公司签约，为企业在知识产权、雇员、网络安全等方面提供280余万的保险保障。

把服务企业、促进发展作为主题教育的重要发力点，合肥市持续滋养企业活力，为经济社会发展注入强劲动能。

打造一流营商环境

在城市发展中，一流的营商环境就是核心竞争力。第二批主题教育开展以来，合肥市紧扣主题主线，把主题教育与优化营商环境相结合，努力提升服务质量，激活市场主体活力。

"高新区项目管家根据我们项目占地面积大、建筑体量大、投资金额大等特点优化审批流程，办理了一标段分阶段施工许可，让项目提前动工建设，帮助我们工期缩短近3个月时间。"在谈到合肥高新区政务服务时，阳光电源股份有限公司年产 25GWh 新型储能装备制造项目负责人连连称赞。

以专人专项服务为基础，合肥高新区项目管家延伸帮代办服务广度和深度，高位协调、统筹推进园区重点项目谋划、建设、运营工作，定期召开计划开工项目调度会，推动建设"加速跑"。今年以来，该园区已推动 61 个招商项目开工建设，同比增长 42.9%。自项目推进服务专班成立以来，已实现 171 个项目实质性开工，其中 26 个建设项目办理分阶段建筑工程施工许可证，平均提前工期 60 天。

主题教育见实效，营商环境再优化。合肥蜀山区全方位深化注册登记便利化改革，进一步激发经营主体活力。采取线上"全程通办"、线下"一窗受理"高效政务服务模式，实现"简表单、减材料"。进一步延伸企业开办集成服务功能，实现一个端口统一对外，多场景应用。提供执照邮寄到家、新注册企业免费刻章业务。

良好的营商环境就像阳光、雨露和水。2024 年 1 月 1 日起，《合肥市优化营商环境条例》将正式施行，围绕市场环境、政务服务、支持保护、监管执法、法治保障等方面，进一步优化营商环境，激发市场主体活力，推动城市高质量发展。

（吴焰、徐靖 《人民日报海外版》2023 年 12 月 28 日第 3 版）

践行"四下基层"，用心服务群众

第二批学习贯彻习近平新时代中国特色社会主义思想主题教育开展以来，深圳市委牢牢把握"学思想、强党性、重实践、建新功"的总要求，周密部署、精心组织，把学习贯穿始终，把发现问题、解决问题贯穿始终，确保全市第二批主题教育高水平起步、高标准推进、高质量落实，取得扎实成效。

创新形式，联系实际开展理论学习

出行引导、爱心义卖、公益课堂……在福田区的大街小巷，一抹抹"志愿红"持续升温。今年以来，福田区通过开展丰富多彩的常态化志愿活动践行"四下基层"，传递真情与温暖。

在第二批主题教育中，深圳各区结合实际开展形式多样的宣讲活动，分级分类组织学习，将党的声音传递到基层。

龙华区委宣传部开展形式多样的宣讲活动，形成"领导干部带头讲、先进模范用心讲、特色活动创新讲、结合实践深入讲、以艺惠民沉浸讲、基层宣传鲜活讲"的"六讲"模式，共组织基层宣讲 600 余场次，社区党组织书记、驻村第一书记讲专题党课 332 人次。其中，大浪街道以"理论＋剧目"的创新模式推进基层理论宣传，原创制作深圳首部以学习宣传贯彻党的二十大精神为主线的浸润式宣讲剧——《向往的幸福》，并在辖区展演 10 场次。

坪山区不断拓展党的路线方针政策宣传阵地，依托党群服务中心阵地体系，打造"固定课堂"。依托东纵纪念馆、主题教育馆等红色教育阵地，打造新时代"党史课堂"。依托坪山发布、坪山先锋等网络平台，打造群众"网上课堂"，推动党的方针政策落地生根。

问题导向，调查研究出实招见实效

上午十点，盐田区东和社区的蓝色驿站内迎来每周固定的驻点普法咨询服务。"零距离"收集群众对检察工作的意见建议、挂牌设立"家庭教育联系点"……社区群众尊法、学法、守法、用法，获得感满满。今年以来，该驿站已收集群众反映案件线索20余条，办理公益诉讼案件5件，开展法治宣讲23场次，为97个家庭提供了专业的教育指导服务。

通过深入调查研究，党员干部坚持问题导向、实践导向、效果导向，深入分析梳理难题，出实招，见实效。

在龙岗区龙城街道紫薇社区，龙岗区人大常委会党组副书记、副主任罗丽娟前往碧湖玫瑰园了解小区加装电梯情况。今年龙岗区人大常委会围绕老旧住宅小区加装电梯问题成立课题组，人大代表深入一线"把脉问诊"，同相关负责人交流探讨，破解难题堵点，推动"加梯"落地落实。

罗湖区东晓街道则深入新就业群体开展调研，"启航先锋站"党支部牵头，联合区人大代表，通过实地考察、问卷调研、"倾听'新'声座谈会"等方式，充分了解新就业群体生活、工作中的问题和需求。笋岗街道深入开展"助企行"工作，问计于企、问需于企。在"新罗湖会客厅"党委企业座谈会上，干部现场收集企业急难愁盼问题10条，并已全部协调解决。此外，该街道还推出企业服务"一码通"，提供市场调研、企业进驻、日常经营等全链条指导，截至目前，共开展企业调研270次。

针对企业订单下降问题，宝安区常态化设立"周五供需对接日"，举办医疗器械、建筑业、教育、城管、新能源、半导体与集成电路设备等21场政企供需对接会，助力近400家企业找订单，撮合成交约20亿元。

福田区创新引入数据探针工具，推进区街自建信息系统数据全量共享，上线"福 i 数·数字资源一网统管平台1.0"、开设惠企政策兑现窗口，让企业足不出户就可以无缝链接扶持政策，还能一站式解决各类疑难杂症。

为民服务，用心用情走好群众路线

在大鹏新区葵涌办事处开展的"民意直通车"活动中，群众在家门口向干部提出诉求，现场收集意见、现场办理解决诉求30宗；南澳办事处推广"乐在新大"扫码提诉求，共解决民众诉求117宗。

深汕特别合作区举办"助企行"政策宣讲会，企服专员现场宣讲奖励政策，协助企业提前准备相关材料，做好申报准备。各专精特新企业代表表示："宣讲很清晰、及时，公司的项目引进来可以更加省心高效了"。

第二批主题教育开展以来，深圳市坚持把用心用情为民服务贯穿始终。践行"四下基层"工作制度，办好实事，优化服务，以实实在在成效取信于民、造福于民。

南山区深入推进南山智造红花岭基地"工业上楼"标杆项目，引导高端制造业企业将创新链及产业链"垂直布局",加速拓展集约高效高品质的产业空间。空间布局上,设计面积大小不等和可拆可合的单元,为企业"量体裁衣"按需定制厂房。围绕满足半导体生产企业液氮存储需求,项目团队引进专家组开展研究论证,设计 2 套可选方案满足企业生产需要。目前,项目已引进国微电子、佰维存储、速腾聚创等 13 家高端制造业企业进驻,年营收产值超 100 亿元。同步设立备选入驻企业库,入库备选企业 106 家,其中专精特新"小巨人"31 家。

针对新就业群体人员多、时间紧、看病难的情况,南山区南头街道创新打造广东省首个"骑手门诊",围绕新就业群体不断拓宽服务矩阵,推出一系列服务关爱举措。

面向科研经济主战场,光明区以科技产业链党组织为纽带,链接 177 家科研机构、高校、科技企业资源,覆盖 206 个链上党组织、4100 余名党员,总产值达 1200 余亿元,推动深圳湾实验室、深圳计量院等科研机构、高校与企业共享设备、共同研发和共建产业,进一步提升产业链科技创新和成果转化能力。

(程远州 《人民日报海外版》2023 年 12 月 28 日第 3 版)

以学促干，全力守护绿水青山

第二批学习贯彻习近平新时代中国特色社会主义思想主题教育开展以来，山西省右玉县林业局立足林业工作实际，坚持高站位谋划、高起点推动、高标准落实，大力传承弘扬"右玉精神"，以学促干，全力守护绿水青山。

学深悟透，坚定守好绿屏障

冬日右玉，天气寒冷。右玉县林业局森林巡查队队长王志强穿着棉袄、棉靴，在牛心堡乡的林地开展常规巡查，车上循环播放的防火音频在林地里回响。

"注意林区附近用火啊！"每到林区岗亭，王志强总是一遍又一遍叮嘱护林员。一天巡查6个小时，覆盖上万亩林地，有时身体冻僵，连站都站不稳。

像王志强这样坚守在森林防护第一线的右玉林业人，还有很多。70多年间，一代代右玉干部接续奋斗，把曾经风沙肆虐的不毛之地化为一碧千里的"塞上绿洲"，人工造林近170万亩，治理沙化土地200多万亩，林木绿化率达57%。

"今年以来，我们积极争取全国国土绿化试点示范项目，实施人工造林2.34万亩、森林抚育0.49万亩、退化林修复2万亩、人工种草1万亩、封山育林2.4万亩，塞上绿洲的'含绿量'和'含金量'不断提升。"右玉县林业局局长沈强说。

作为山西省林草重点防火县，右玉 10 月正式进入防火特险期，森林草原面积大、防火工作任务重。在第二批主题教育中，县林业局将森林防火工作纳入管理责任网格化区域内，把主题教育成果转化为工作实效。

11 月，县林业局组织党员、干部开展"森林防火、党员在行动"主题党日活动，走进社区、农村、林区开展森林防火知识宣传活动，挨家挨户为群众讲解森林防火知识和野外安全用火常识，着重强调当前森林防火形势。

目前，右玉县各乡镇、重点林区管护单位聘用 800 多名专职护林员，乡乡设立管护站，村村配备护林员，构建起了"山山有人看、处处有人管"的防护格局；实行领导责任制，完善了县、乡、村三级网络防护体系；县级相关部门及各乡镇坚持 24 小时领导带班、防火应急人员轮流值班制度，做到严密巡护早发现，确保火情信息及时传递。

灵活创新，学习教育全覆盖

右玉县林业局健全完善学习研讨制度，多次组织党员、干部开展集中学习，通过以上率下、以点带面，实现理论学习全覆盖。

领导班子带头学。充分发挥班子示范引领作用，坚持党组会"第一议题"学、走进党性教育基地感悟学、班子成员讲专题党课集中学，系统学习习近平生态文明思想，推动习近平总书记关于"右玉精神"的重要指示精神入脑入心。

机关支部深入学。组织开展"参与巡逻护林、守护绿水青山"主题党日活动，依托山西右玉干部学院教育资源，立足工作实际，强化理论武装，推动党员、干部深学细悟、学用贯通、以学促做。

党员、干部系统学。主题教育开展以来，县林业局打造森林草原防火监控平台与研学平台，便于全体党员更好地把理论学习与业务工作相结合，持续提升党员、干部能力素质。

靶向发力，为民解忧办实事

全心全意为人民服务是"右玉精神"的核心要义。右玉县林业局深入开展"四下基层"进村入户活动，在摸清问题、体察实情的基础上，为老百姓解难题、办实事。特别是针对群众关心关注的集体林权制度改革问题，县林业局积极完善林业保障体系，扎实做好改革"后半篇文章"，努力让生态根基更厚实、美丽经济更壮大、人民群众更满意，确保主题教育取得实实在在的成效。

今年以来，县林业局主动与人寿财险公司签订保单，为85.13万亩符合参保条件的森林投保，依托金融手段解决群众忧心事。

依托生态优势，县林业局加紧编制碳汇林项目作业设计报告，建立造林增汇抵消碳排放机制，开展造林增汇抵消碳排放试点。为更好释放生态红利，右玉县执行严格的林长制会议、工作督查、部门协作、工作报告、信息公开"五项制度"，设立县、乡、村三级林长340名，完善县、乡、村三级林长组织与责任体系，以规章制度保障责任落实。持续推进"微小细"工程建设，加强与省、市、县相关部门沟通协调，让林业生态成为高质量发展的鲜明底色。

（何勇、马睿姗 《人民日报》2023年12月29日第1版）

一线听民声　难事帮办成

近年来，浙江省杭州市萧山区聚焦民生服务，到一线听民声、解难题，建立了"周二走访日""周三访谈夜"的"民情双访"机制。尤其今年以来，结合"四下基层"的工作方法，扎实开展主题教育，破解基层治理和高质量发展难题。

工作人员上门走访时，金泰苑社区有居民反映，附近缺少儿童学习活动中心。共青团萧山区委迅速行动起来，在城北居民与青少年最多的居民区附近打造了一座"嵌入式"青少年宫，设置了绘本阅读、益智拼搭、素描等 62 种特色课程。

回应居民需求，积极打造区级青少年宫和村社分宫、在各镇街搭建研学活动基地、不断完善周边儿童医疗服务配置……一个覆盖全年龄段、全场景式、全时间段的青少年宫校外教育集群在萧山区已基本形成。自今年 11 月开课以来，仅区青少年未来发展中心首个学期开课就达 722 个班次，招生 6000 余人，受到了家长与孩子的一致好评。

"我们想在网上办理药品售卖业务，因为涉及证照审批、资格认定等多项手续，要跨多个部门办理，担心办理不畅，窗口能帮我们协调一下吗？"在萧山区政务服务中心的"办不成事"窗口，热度（杭州）电商科技有限公司的王禹问道。在工作人员的协调下，问题不一会儿就得到了解决。

为及时帮助群众解决办事过程中的"疑难杂症"，去年 9 月，萧山区开设了"办不成事"窗口服务，力争让难办的事情办成，尽量让"办不成的事情"也办成。

第二批主题教育开展以来，萧山区积极打造"办不成事"窗口服务升级版，创新推出 1 个政务服务中心、22 个镇街便民服务中心和 N 个村社便民服务站的"1+22+N"三级联办问题导流机制，对每一件"办不成事"进行一案三查，实行特事特办、急事急办。针对不少群众有线上办理的需求，萧山区将政务服务延伸到各乡镇街道的便民服务中心，依托"浙里办"平台让群众享受"足不出户"的数字化服务。此外，萧山区还配套推出了解决企业融资问题的"金融超市"平台、变单个助企服务为产业链服务的"萧螺号"助企服务品牌，以及人才住房安居的相关服务政策，让企业安心创新，让人才安居乐业。

截至目前，"办不成事"窗口已累计服务 1426 人次，为企业、群众解决实际问题 1135 个，落实群众提出的意见建议 113 条。

在"民情双访"开展的 6 年时间里，萧山党员干部累计走访群众80 余万户次、企业 6.5 万余家次，收集并解决群众需求事项 120042 个。

"'民情双访'始终坚持以民为本，积极回应老百姓心中的'急难愁盼'。"萧山区委组织部相关负责人表示。

（蔡卡特、顾晨艳 《人民日报》2023 年 12 月 29 日第 11 版）

倾听群众所需　办好民生实事

"有什么需要帮助的，尽管和我们说。"近日，江苏省宿迁日报社在宿城区田洼村开展主题教育典型案例解剖式调研，报社党员干部再次到田洼村田间地头，倾听当地农民所需所盼，并在调研现场开展助农直播。

这不是宿迁日报社党员干部第一次利用网络直播开展助农活动了。2022年4月，田洼村蔬菜滞销，宿迁日报社"速速带货到田头"工作室了解情况后，线上努力宣传，线下推出"蔬菜盲盒"公益认领活动，4天时间里销售了田洼村12万斤菜，解了农户的燃眉之急。

第二批主题教育开展以来，宿迁市坚持实践"四下基层"，目光下移、深入一线，聚焦人民群众急难愁盼问题，着力破解一批发展难题，用心办好一批民生实事。

"大棚草莓开始种植时，可选用黑色地膜、银黑或白黑双色膜覆盖。但是盖膜不要在清晨进行，因为此时草莓植株含水量高，叶柄较脆，容易折断……"近日，在宿迁市宿豫区新庄镇千亩草莓大棚种植基地里，草莓种植"实境课堂"正开展得如火如荼。新庄镇有种植草莓的传统，当地从业人员400余户，种植规模达5000余亩。

宿豫区教育引导党员干部坚持以学促干，积极探索"小院课堂""微调研课堂""实境课堂"等多种形式主题培训，推动"一乡镇一基地一课堂"建设；同时，鼓励各乡镇（街道）结合自身资源优势，设置红色教育、绿色种植、生态养殖、社区治理等现场教学点，把课堂搬到一线、把知识技能讲到田间地头。

第二批主题教育开展以来，宿豫区先后开展"实境课堂"等培训30批次，1500余人次走进课堂，实际解决在推进乡村全面振兴中的关键难点堵点问题60余起，帮助500余名村民实现就近就业，创造出近千万元经济价值。

宿豫区还积极推进"民生清单"项目，结合"四下基层"工作要求，深入了解群众反馈的民生实事问题。顺河街道组建12支在职党员志愿服务队，采取群众"点单"、街道"派单"、党员"接单"、居民"评单"形式，开展为民服务活动；新庄镇杉荷园社区开通24小时服务热线，项目化、清单化解决群众急难愁盼问题，带动社区稳定就业300余人。

宿迁引导全市党员干部传承"四下基层"精神，积极到基层察实情、出实招、谋实效。截至目前，宿迁1008名县处级以上领导班子成员领办调研课题1016个，已开展调研3055次，现场调研解决突出问题1218个。

（白光迪 《人民日报》2024年1月3日第10版）

进家门访民情　问需求解难题

最近一段时间，内蒙古自治区呼伦贝尔市扎赉诺尔区的居民们欣喜地发现，大家很多诉求都得到了满足——小区多了健身器材、休闲桌椅等便民设施，"垃圾角"消失不见，坑坑洼洼的道路变得平整。"之前大家聚在一起，没少谈论这些问题。"一位居民告诉记者，"几乎每家都不止一次来过党员干部。他们有的是社区工作人员，有的是街道干部，还有区里的领导。他们通过与居民深入交流，了解到问题的症结，拿出了切实有效的解决办法。"

居民们的感受，源自扎赉诺尔区的一系列举措。第二批主题教育开展以来，扎赉诺尔区着力开展"进万家门、访万家情、解万家难"大调研活动，进一步推动领导干部宣传党的路线、方针、政策下基层，调查研究下基层，信访接待下基层，现场办公下基层，提升百姓获得感。

扎赉诺尔区委常委、组织部部长魏俊志说："截至目前，扎赉诺尔区处级干部深入一线开展调研288次，发现问题104个，现场研究解决问题37个，提出解决措施98项"。

深入社区，参与议事更高效

尽管屋外寒冷，但灵泉镇光明社区会议室里面却热闹非凡。这里正在召开每周一次的居民议事会。最近几个月，居民们发现议事会的形式有了一些变化——原来是社区干部和居民参加的议事会，如今总会有区委、区政府干部的加入。

"我们这个社区曾经是煤炭企业的家属区，有许多退休职工。"光明社区党总支书记陈琦告诉记者，"许多小区基础设施老旧，民生问题急需有效解决。"为此，这个社区从 2016 年开始探索实行各种形式的居民议事会。庭院、广场、会议室，甚至居民家中，一场场议事会开下来，解决了不少民生问题。相对容易的事，议事会上当场就能决定。那些长久未能解决的难题，还是要上报，有时候时间较长，也降低了效率。

"民生问题无小事，光等着问题交上来是不行的，干部必须沉下去。"魏俊志说。社区居民告诉记者，"最近这段时间，区委书记、区长带头，好多区里的干部来参加我们的议事会。问题基本上现场就能解决。"

来到扎赉诺尔区委党建工作领导小组办公室，一本本服务群众工作台账、服务群众情况登记表、服务企业工作台账整齐摆放。"我们先后印发了《扎赉诺尔区大兴调查研究的实施方案》《关于开展"进万家门、访万家情、解万家难"大调研活动推进大兴调查研究工作走深走实的通知》，覆盖全区科级以上领导干部以及区直部门和镇（街道）工作人员及社区工作者。"魏俊志告诉记者，大调研活动开展以来，全区各级干部走访 3.3 万余户 7.4 万人，实现了全覆盖，累计收集群众问题及意见建议 4668 条。与此同时，扎赉诺尔区各级党员干部还围绕党的路线方针政策、党的创新理论深入群众和企业积极开展宣传工作，截至目前，累计开展宣传及提供政策咨询 3898 条。

回应诉求，提升群众幸福感

对不少灵泉镇的居民而言，他们家中都来过一位客人——扎赉诺尔区委副书记、区长张兴旺。

灵泉镇是扎赉诺尔的老城区，由于地势特殊，加之原有市政规划陈旧、基础设施老旧等原因，当地群众多年来一直为地下水患所困扰。

灵泉镇党委书记王志国说："每到雨季，低洼地段总有存水，冬季常有漫冰，城市建设和居民出行长期受到影响。"当地居民告诉记者，"此前一直是哪里有问题就治理哪里，问题没有得到根本解决。"

"水的问题一直是灵泉镇的大问题。"张兴旺说，在第二批主题教育开展过程中，他将此列为自己的调研课题，多次实地了解水患问题、周边居民受影响程度，查看疏通地下水工程运行情况。"最受触动的是走访受水患影响的群众，他们对问题最了解，同时对解决问题也有很多思路，为我们提供了重要的参考。"

打开张兴旺记录调研情况的笔记本，写着这样一段话，"要坚持标本兼治，扎实抓好水患地下疏通、应急处置准备等工作，健全完善长效管理机制，确保不发生冬季漫冰等地下水水患情况发生。"

经过细致调研，目前，有关部门已经制定了基本的应对策略。王志国说："眼下，我们正组织排查辖区内水患疏通工程运行情况，并加强日常巡查维护，以'变水患为水利'的工作思路，建设必要的防洪排涝及水系连通工程，彻底解决地下水水患问题。"

"坐在办公室里看材料，无法完全认清问题的全貌，自然也无法找出解决问题的最好方法。"通过对灵泉镇"水问题"的调研，张兴旺深有感触："干部沉下去，要与群众面对面，更要心贴心。"

扎赉诺尔区在搜集问题的同时主动发现问题，着力建立走访联系机制、问题收集机制、纾困解难机制、督查问效机制，开展"大宣传""大走访""大帮扶"，形成了一批有用的调研成果、拿出了一揽子好用的对策建议、建立了一套管用的制度机制。截至目前，全区初步形成调研成果 32 个，制定社会治理、信访代办制等文件 7 个，进入决策程序 9 个。

健全机制，基层治理暖民心

"我们刚想反映，社区就把问题解决了。"在扎赉诺尔区第四街道榕欣社区，今年 77 岁的居民刘阿姨告诉记者。有一天，她出门遛弯发现，小区附近老菜地排水沟周围有积水，"小区老年人多，积水结冰后摔倒，可是大问题。"刘阿姨想，居民议事会上得把这个问题告诉社区干部。

第四街道办事处的工作人员也在走访时发现了这一问题。第二天，去开居民议事会的路上，刘阿姨发现，排水沟附近已经安上了警戒护栏。她说："总能看到社区干部在各家走访，光我家就来过四五趟。既解决了难题，还上门来陪老人家聊聊天，我们很开心。"

"归根结底是要解决人民群众实实在在的问题，基层治理的措施好不好，关键在于人民群众是否满意。"魏俊志告诉记者，第二批主题教育开展以来，扎赉诺尔区坚持"一户一册""一企一册""一表册一台账"，细化教育、医疗、民生保障、住房与城市建设等 7 个类别，强化分类施策，建立"周调度、周汇总、周通报"机制，统筹各镇（街道）、职能部门及行业管理部门协同联动。截至目前，已解决群众问题 1635 条。

"如今大家遇到了什么问题，首选的就是通过这个小程序反映。"家住第三街道办事处天和社区的市民王慧丽打开手机，向记者展示着"扎赉诺尔市域治理"小程序。

打开小程序的"市民吹哨"功能，其中细分了公共设施、教育卫生、纠纷维权等 13 个类型的问题，覆盖各类民生事项。后台工作人员会实时看到群众上传的信息，并第一时间受理。社区网格员也可以通过这一小程序反馈事项结果，或将问题进一步上报。

"我们坚持做到问题在一线发现、难题在一线解决、工作在一线落实，进一步转变干部作风、密切联系群众、破解工作难题、推动高质量发展。"扎赉诺尔区委书记齐善剑表示，"下一步，我们将持续抓好'进万家门、访万家情、解万家难'大调研活动成果转化，每年组织全区党员干部全覆盖走访一遍全区居民群众，引导全区党员干部深入现场、深入基层带着问题学、使出真情办。"

（翟钦奇 《人民日报》2024 年 1 月 5 日第 10 版）

竹林碳汇　促进生态产品价值实现

这个冬季，安徽省黄山市歙县石门乡竹岭村第一书记罗京格外忙碌。新年伊始，找罗京的电话不断，来村里学习的外地团队也不少。

是什么让他如此忙碌？这事还得从去年9月说起。正值第二批主题教育开展期间，安徽省生态产品交易所积极践行"四下基层"优良传统，变"坐等上门"为"主动下沉"，组织调研团队走村串户，为基层生态产品价值实现谋出路。

2023年9月初，调研团队走进竹岭村。座谈会上，罗京道出了烦心事：八山半水半分田，一分道路和庄园，竹岭村是个典型的皖南山区村落。2021年，罗京来到这里挂职。熟悉情况后，他发现村里最大的资源便是1.5万亩毛竹林。

"近些年，竹子市场价格偏低，一根竹子卖不了几个钱。如果道路不通，刨去人工成本和运输费用，村民更挣不到什么钱。"罗京坦言，没有收益，大家也没有照料竹林的动力。眼看万余亩竹林一直荒在那里，他心里直犯愁。

调研团队提出可用其来开发碳汇项目。"碳汇？"听到这个新鲜词，罗京和村民们充满疑惑。

所谓碳汇，是指通过植树造林、森林管理、植被恢复等措施，利用植物光合作用吸收大气中的二氧化碳，并将其固定在植被和土壤中，从而降低温室气体在大气中浓度的过程、活动或机制。在调研团队看来，林业碳汇交易在省里已有先例，而竹子的生长周期比树木短，更适合用来开发碳汇项目。

为了验证该想法是否可行，调研团队随即请来浙江农林大学的专家进行现场论证。得到肯定后，他们又联系了第三方检测机构对竹岭村的竹林总固碳量进行测算。去年 11 月，2023 创意黄山发展大会召开时，经安徽省生态产品交易所牵线搭桥，竹岭村与会议主办方达成碳汇交易，以总价 9900 元转让出 220 吨固碳量。

近段时间，又陆续有交易找上门。眼下，竹岭村通过竹林碳汇交易获益近 3 万元。"以前怎么也想不到竹林还能通过这种方式来变现。"罗京介绍，如今，村里 1.5 万亩竹林共计算出超 7 万吨固碳量，按照现在的市场价格，这些全部卖出后，村集体能有 300 多万元的收入。

"竹林碳汇的成功交易，不仅让大家得到了收益，更增加了老百姓自发管理竹林的动力。竹林管理好了，竹子长得就越好，固碳量就越高，竹笋也会丰收，这样就形成了良性发展模式。"罗京说。

（李俊杰 《人民日报》2024 年 1 月 9 日第 14 版）

研究一个问题 解决一类问题

前不久,万华化学(烟台)石化有限公司申报进口的 10 万吨液化丙烷抵达山东港口烟台港。得益于青岛海关所属烟台海关对进口货物推出的"先放行后验估"新模式,这批货物第一时间进入车间投入生产。

海关系统扎实开展第二批学习贯彻习近平新时代中国特色社会主义思想主题教育,涉及 636 个处级以上领导班子、6500 多个基层党支部、6 万余名党员。全国海关把践行"四下基层"工作方法贯穿第二批主题教育全过程,用好"一线工作法",实现从"研究一个问题"到"解决一类问题",推动主题教育在国门一线走深走实、取得实效。

加强调查研究,把优良作风弘扬在国门一线

践行"四下基层"工作方法,建立出口鲜活农产品属地查检"绿色通道",兰州海关所属平凉海关常态化开展"7×24"小时预约申报、预约查检,实行随报随检、随报随放。2023 年前 11 个月,甘肃平凉、庆阳地区鲜苹果出口值 1.95 亿元,同比增长 46.1%。

第二批主题教育开展以来,各地海关坚持将深入一线调查研究作为弘扬"四下基层"优良作风的有效路径,开展"我为海关改革献一策""百名优秀执法一线科长专项调研"等活动,广大党员干部以求实、扎实、朴实海关作风,奔着问题去、带着思考回,推动主题教育成果转化为服务群众的生动实践。

紧盯小切口，做好真调研，干出实举措，北京海关所属亦庄海关践行"四下基层"工作方法，聚焦优化营商环境、服务支柱产业等工作，搭建关企沟通桥梁。

天津海关所属天津保税区海关开展"当一次报关员"活动。工作人员发现航空制造业小螺丝等进口料件种类杂、数量多、申报难，创新"单一品名、单一税号"监管措施，将 8000 余种飞机辅料化繁为简、打包直报，变"千张单"为"一张单"，解决了企业申报难题。

青岛海关所属青岛胶东机场海关在旅检入境查验、征税、处置区域建成"枫桥经验"工作室，增强基层关员执法素质和工作能力。利用电子屏、旋转资料架及新媒体平台发布政策解读信息 70 余条，对外开展普法宣传 4 场，对内组织业务培训 16 次，做到规范执法、文明执法。

深圳海关所属蛇口海关深入剖析港口货物报关转关时间长、成本高的典型案例，创新推出粤港澳大湾区组合港项目，使货物平均堆存期缩短 2/3，每年为企业节省成本 3 亿元。

注重解决问题，在企业厂房设立海关服务点

江苏江阴云亭镇，江苏海基新能源股份有限公司的锂电池生产车间内，一条条机械臂正有序工作。隔壁的成品车间，南京海关所属江阴海关关员正在对刚下产线的储能电池开展包装检验，经检验合格后的储能电池将乘坐"飞的"出海。

"储能产品出口包装要求高，涉及企业多，海关驻厂关员为我们的每款新产品量身定制包装、检查方案，不仅节约了生产成本，还降低了返工整改风险，我们更安心了！"海基公司外贸部经理常程说。

各地海关坚持将倾听呼声、解决问题作为"四下基层"工作方法的

关键导向，聚焦企业群众盼税收优惠、盼贸易便利、盼优化环境、盼政策支持的普遍期待，在基层打造为民服务平台，畅通服务群众"最后一公里"。在行业龙头、专精特新等企业设立海关常驻服务点，将海关"办公室"从机关大楼搬进厂房一线。

上海海关所属洋山海关零距离讲政策，组织业务骨干主动走进企业，聚焦新能源车领域开展税政研究，及时宣传汇总征税、关税保证保险等多元税款担保模式，提升企业纳税便利化水平。

针对综合保税区内企业提出的分拨货物、物流费用、物流效率优化等问题，南京海关所属苏州工业园区海关建立业务骨干党员先锋队，将无人车控制系统与海关智能监管系统对接，率先在综合保税区实现智能网联无人车载货通关验放。

宁波海关所属奉化海关聚焦"三农"产业帮扶，统筹用好预防指导、现场查验、实验室检测等多种手段方法，为企业解惑纾困。

呼和浩特海关组建"乌兰牧骑"轻骑兵，沿着戈壁草原行走 1.5 万公里，面对面向伊利、包钢等 30 余家企业送政策、答疑惑，助力内蒙古外贸增速领跑全国。

着眼推动发展，不断提高监管效能和服务水平

走进中国（杭州）跨境电子商务综合试验区下沙园区，一辆快递车将一批消费者退货的包裹卸下平台，在海关关员的监管下，仓库工人们正分门别类理放包裹。

杭州海关所属钱江海关开展跨境电商网购保税零售进口商品跨关区退货试点。通过这一新模式，电商企业可以通过在一地建设退货仓，集中处理来自全国各地消费者的退货商品，帮助企业节约运营成本。

各地海关坚持将聚焦主业推动发展作为"四下基层"工作方法的目标要求，紧扣海关守国门、促发展职责使命，引导广大党员、干部立足岗位作贡献，不断提高国门一线监管效能和服务水平。

海口海关所属洋浦海关持续释放自贸港早期政策效应，"零关税"三张清单助企减税 28.3 亿元，跑出海南自贸港封关试点加速度。

南昌海关所属九江海关开发智慧联动物流平台、途中可视化监管系统，企业每标箱物流成本降低 3200 元，助力长江"黄金水道"释放"黄金效应"。

长沙海关所属长沙黄花国际机场海关成立"优鲜通关"工作室，搭建关企 24 小时沟通平台，运用"区港联动"监管模式，实现生鲜货物口岸通关"零延时"。

营商环境改善在基层，改革成效体现在基层。各地海关将智慧海关建设、"智关强国"行动作为海关主题教育的重要实践，基层海关主动承接"双智"任务分工，推动 132 个改革场景在一线落地见效，有力支持新业态健康发展，持续巩固外贸向好态势。

"下一步，我们将及时总结经验、查找不足，推动'四下基层'常态化长效化，做到守护国门安全毫不含糊、促进高质量发展毫不保留、服务大国外交毫不懈怠，努力当好让党放心、让人民满意的国门卫士。"海关总署相关负责人表示。

（杜海涛 《人民日报》2024 年 1 月 10 日第 1 版）

用心用情办实事　服务群众显温度

公安部党委对落实"四下基层"制度高度重视，要求坚决贯彻落实习近平总书记重要指示批示精神，结合第二批学习贯彻习近平新时代中国特色社会主义思想主题教育，大力弘扬"四下基层"优良传统，不断深化"我为群众办实事"和"立足岗位作贡献"活动，深入基层一线和群众身边，访民情、解民忧、办实事，全力在基层治理、执法执勤、服务群众中主动作为、担当有为。

公安部参加第二批主题教育的铁路公安、民航公安、长航公安和海关缉私部门4个垂直管理系统的处级单位深入落实"四下基层"制度，累计走访基层单位3440余家次，开展专题宣传920余场次，征求意见建议3530余条，发现、解决问题1710余个，就地化解矛盾纠纷2870余起，有力提升群众获得感、幸福感、安全感。

深入调查研究，察实情、出实招、办实事

"旅客您好，请对站车治安环境作出评价""在执法、服务方面，您希望民警有哪些提高"……2023年11月27日，在杭州东站，上海铁路公安局杭州公安处民警进车站、上列车，深入广大旅客中开展问卷调查，听取意见建议。

问需于民、问计于民。全国铁路公安机关坚持调研选题"小切口"，精准聚焦重点领域问题，第二批主题教育开展以来，75个铁路公安处

班子成员开展一线调研 2600 余次，基层所队依托"百万警进千万家"活动，听取群众意见建议 5500 余条。

第二批主题教育中，公安部紧抓第一批主题教育成果的转化运用、深化拓展，指导垂直管理单位结合各自实际，组织民警直奔基层听民意、赶赴现场察实情、直面问题出实招，推动一件件为民实事落地、一项项工作见到实效。

保障中转安全、提高安检效率，曾是上海虹桥国际机场和浦东国际机场货物远程驳运亟待解决的痛点。民航华东地区管理局公安局深入 5 家货站进行了 9 次现场蹲点式调研，于近日推动上海两场航空货物远程驳运安保试点工作启动。

各地海关缉私部门深入基层一线，现场发现问题、深入分析问题、科学解决问题。青岛海关缉私局烟台海关缉私分局针对群众反映的缉私执法质效有待提高等问题，简化执法办案环节，给旅客发放进出境规定"明白纸"；南京海关缉私局无锡海关缉私分局依托基层党建联盟和社区网格化平台，组织成立反走私志愿服务队，深入企业、社区，了解民情、开展调研。

坚持问题导向，创新矛盾纠纷化解模式

"这样的处理结果，我们很认可！"近日，一艘散货船因大雾天气滞留长江南通段二号锚地水域，导致卸货时间推迟，船员与货主就延期费问题产生纠纷。长航公安局南通分局南通派出所民警了解情况后立即联系水上纠纷调处工作站专职调解员，一同赶赴现场，在船上就地开展矛盾调解。最终顺利化解纠纷，双方当事人握手言和。

为解决水上纠纷调解难等实际问题，各地长航公安机关探索创新矛

盾纠纷化解模式。长航公安局南京分局设立水上法律援助工作站,为港航企业和船员职工提供非诉服务、法律援助等服务;长航公安局上海分局宝山派出所民警在船舶建造施工区域设立驻企警务室,及时消除人员矛盾纠纷,排查风险隐患,回应群众求助。

在公安部统筹指导下,相关公安机关坚持问题导向,创新矛盾纠纷化解模式,确保群众合理诉求及时解决,把矛盾化解在源头。

如何快速调解旅客矛盾纠纷?石家庄铁路公安处成立旅客矛盾纠纷快速调处中心,研究制定改进服务30条措施,让服务靠前一步;西安铁路公安处研发"智慧乘务警务平台"等智慧乘务系统,提升乘务质效;重庆铁路公安处打造"平安列车志愿者团队",推动列车治理转型。

针对群众反映突出的问题,广州海关缉私局南沙海关缉私分局成立"南枫解意"工作室,以提高执法的温度、加快办案的速度、统一执法的尺度为抓手,听民情解民忧,着力化解行政案件纠纷,第二批主题教育开展以来,平均办案周期比2022年缩短36天,为涉案企业减少1317.6万元滞港费用,进一步优化辖区营商环境。

聚焦百姓关切,解决群众急难愁盼问题

长江干流水质连续保持Ⅱ类,"微笑天使"江豚频频现身……近年来,长江水生生物资源恢复向好态势逐步显现。长航公安机关将长江生态治理成效作为检验主题教育成效的重要标准之一。各地长航公安机关统筹推进"平安长江"、打击非法采砂、"长江禁渔"等专项行动,辖区非法捕捞、非法采砂月均刑事发案数较近3年峰值分别下降20.5%和66%,连续30个月未发生污染环境案件。

为民办事、为民造福。第二批主题教育开展以来,公安部紧盯基层

单位民生警务难点，统筹多方资源破解难题，同时要求相关公安机关紧密围绕百姓关切，聚焦解决老百姓身边的急难愁盼问题，推出更多便民举措，打通便民服务"最后一公里"。

把关键小事办成暖心实事。宁波海关缉私局北仑海关缉私分局协调11家企业开通"网上快速执法"，减省文书资料等手续37项，实现降成本、提效率；黄埔海关缉私局黄埔老港海关缉私分局、上海海关缉私局洋山海关缉私分局针对前期调研发现的行政执法文书送达不够便捷问题，研发掌上APP，实现网上送达。

呼和浩特铁路公安处针对部分沿线小客站候车大厅开门晚、室内温度低等问题，积极协调有关部门提前开门，及时更新候车室供暖设施；针对牧民反映牧场被铁路线路分割导致牲畜转场难的问题，主动协调地方和铁路相关部门，为牧民开辟"特殊通道"，既保障转场顺利，也确保线路安全。

民航西藏自治区管理局公安局林芝机场分局优化临时乘机证明办理流程，提供更加精细化、个性化的办事服务。"我们聚焦旅客需要，把解决问题、优化服务作为主题教育的落脚点，持续提升旅客在机场出行的获得感、幸福感、安全感。"民航局公安局相关负责人表示。

（张天培 《人民日报》2024年1月14日第1版）

干部受教育　群众得实惠　发展利长远

第二批学习贯彻习近平新时代中国特色社会主义思想主题教育开展以来，江苏省委和省政府深入贯彻落实习近平总书记重要讲话和重要指示批示精神，把学习推广"四下基层"作为主题教育的重要抓手，制定实施省级领导干部和全省学习推广"四下基层"两个方案，带动广大党员干部深入基层开展政策宣讲、调查研究、信访接待、现场办公。

让党的创新理论"飞入寻常百姓家"

冬日午后，南京市浦口区桥林街道周营村的村民三五成群，围坐在去年改造的雨棚下，等待"雨棚微话"开讲。村党总支书记张芳用拉家常的方式畅谈乡村发展。

以新时代文明实践阵地为载体，浦口区依托"浦言朴语"宣讲团，推动党的政策主张落地生根。

深切感悟思想伟力，聚焦理论学习、政策宣讲，江苏把学习贯彻习近平总书记对江苏工作的重要讲话和重要指示批示精神摆在首位，明确具体举措、要求，推动党的创新理论走进街头巷尾、田间地头。

话感悟、说乡音、讲政策、举实例。扬州市选派 113 名县处级以上党员干部组建"践行嘱托建功'好地方'"基层宣讲团积极宣讲。泰州市高港区整理汇编"让群众获得满满的幸福"等 20 个鲜活实践案例，组织领导干部带头宣讲。南通市通州区遴选 73 名优秀年轻干部，组建 18 支"青骑兵"宣讲工作队，开展"理论微宣讲"。

从解决一个问题到解决一类问题

徐州市环城路西延道路因土地占用原因，未能全线贯通。2023 年 12 月 9 日，江苏省委有关负责同志前往环城路西延道路实地察看、现场办公，结合规划图详细了解周边道路网络和环城路西延道路现状，要求江苏省有关部门和徐州市区两级协同发力，细致做好沿线群众工作，推动项目尽快建设、早日投用，畅通路网、造福于民。

进乡村社区、进厂矿企业、进学校院所，江苏要求党员干部深入开展"三进三解"大调研，推广"实境回访—案例复盘—剖析反思"流程，推动从解决一个问题到解决一类问题。

针对城市积水老大难问题，2023 年 12 月 13 日，徐州市委领导干部专题调研市区积水点治理情况，根据《徐州市区积水点治理实施方案》，到 2024 年底，市区累计投入 22.2 亿元，实施 175 项积水点治理工程。

无锡市开展"市长市民面对面"活动，先后围绕居民生活用气、新能源汽车充电、老旧小区加装电梯等 9 类问题开展现场办公，即时解决具体问题，下发重点督办事项。

淮安市清江浦区科级以上干部"兼职"担任基层网格"第一网格长"，近期围绕推广"房票安置"政策逐户讲流程、做工作，帮助 1018 户超期过渡的被征收户入住新家。践行"四下基层"工作方法，淮安市全面梳理接访问题现场无法解决、现有政策规定不完善等 4 类疑难案件，研究从根子上制定解决方案。目前，已针对棚改拆迁、农民集中居住区建设、学校施教区划分等 15 个共性问题，完善房屋征收拆迁房票安置政策、学校施教区划分流程等 9 项长效机制。

沉到一线办实事谋发展

晶硅光伏产业是盐城市建湖县的重点产业。然而，在建湖高新区，因一条高压线横贯航空路南侧，160 亩土地无法规划使用，直接影响项目连片建设。2023 年 12 月 8 日，江苏省委有关负责同志到盐城实地察看项目建设现场，勘查论证高压线迁移方案，要求相关部门会同建湖县尽快制定工作方案，依法依规加快推进。

践行"四下基层"工作方法，江苏要求各级领导干部树立和践行正确政绩观，深入项目工地、企业调研，现场解难题、促发展，切实扛起走在前、挑大梁、多作贡献的责任。

聚焦影响高质量发展的问题开展调研，以实干实绩彰显"四下基层"实效。江苏省委有关负责同志到苏州市相城区等地主持召开"助企直通"政企恳谈会，问需于企、问计于企，支持企业发展。

镇江市委领导干部围绕安全稳定、生态环保、丹阳眼镜产业发展等主题多次到基层调研。常州市组织党员干部现场办公，解决新能源应用场景不丰富等问题，出台"促进独角兽企业成长发展 10 条"等政策举措，推动经济迈上万亿元台阶。连云港市开通党员干部"为企服务直通车"，重点聚焦解决行政审批等营商环境类问题，市本级各部门行政许可审批时限压缩率达 93.9%，即办事项占比提高到 74.5%。南通市如东县推动科级干部担任助企专员，建立"每周走访、半月会商"机制，解决企业难题、协调项目融资，推动洋口港金牛码头等一批重大项目顺利开工。

　　把调研成果转化为解决问题的思路对策、政策举措。学习推广"四下基层"以来,江苏省各级领导干部深入基层一线调研,基层党员干部到社区报到,推动 42.1 万套安置房完成办证等 8.4 万件问题解决,将产业转型、强链补链延链等方面的短板弱项纳入重点攻坚事项,推动江苏经济实现整体好转。

（何聪 《人民日报》2024 年 1 月 15 日第 1 版）

做好源头预防 形成治欠合力

"蕙队长，6000多元工资都到账啦！"前不久，一通电话打进甘肃省甘南藏族自治州夏河县人力资源社会保障局，电话那头的张先生心情不错，电话这头的劳动保障监察大队队长蕙天军同样欣慰。

原来，张先生以开挖掘机为业，曾在夏河县达麦乡工作了一个多月。没想到，工程结束一个月后工资仍未结清。于是，张先生在人民网"领导留言板"提出诉求。当天下午，劳动保障监察大队就前往现场核查。走访后发现，项目施工中更换过负责人，账目交接不清楚，导致结束工期的张先生无法拿到工资。最终，经过大队协调，被拖欠的工资全额发放。

第二批主题教育开展以来，夏河县深入推进领导干部"四下基层"，坚持问需于民、举一反三，做到教育实践两手抓、两促进，做好群众工作，促进根治农民工欠薪工作取得新成效。

打好"预防针"——
加强前期宣传 全程规范到位

"你看画上的人，跟咱们干活儿时穿的一模一样吧？这就是画的咱的事儿！提醒咱们，干活必须签劳动合同！"在县医院工程工地上，建筑工小吴把汗一擦，拿着一张漫画向工友介绍。

这张漫画，是夏河县人力资源社会保障局专为农民工编制的《农民工维权告知书》，只要有工程项目开工，劳动保障监察大队就会赶到工地宣讲，将它逐份送到每名农民工手上。

这份告知书，源于当地对以往个案和现状的调查研究。

如何从源头上减少欠薪情况发生？如何引导农民工合理维权？夏河县人力资源社会保障局走访时发现，应当先解决项目双方认识上的问题。

调研组发现，有的项目方只管招工赶进度，将缴纳农民工工资保证金、签订用工合同、购买工伤保险等抛诸脑后。同时，部分农民工入场工作时，在订立合同、审查企业资质、开展岗前培训等方面常常疏忽大意。

因此，一系列宣讲应运而生。劳动合同怎么签？用工证据怎么留？工资拖欠怎么办？A4纸大小的告知书囊括了从开工到结算的维权技能、途径和涉及部门，配发的6幅漫画和1个二维码格外醒目，一扫直达甘肃根治欠薪线索反映平台。

蒽天军说："前期抓得紧一些，后期麻烦少一些，给农民工和企业都做好提醒。"

不过，对于仍心存侥幸的企业，夏河县人力资源社会保障局全程重点监督、规范。在县里某小学周转宿舍建设项目中，一家承包公司不仅没有建立最基本的农民工实名制管理制度，还试图躲避缴纳农民工工资保证金，也拒绝给农民工购买工伤保险。

经多次通知要求整改无果，夏河县人力资源社会保障局依规对其进行重大劳动保障违法行为社会公布，同时将其信息推送至"信用中国"网站、国家企业信用信息公示系统，进行联合惩戒，使其在招投标、融资贷款和市场准入方面处处受限，维护农民工权益不受侵害。

丰富"工具箱"——
形成治欠合力 打造诚信样板

"停工8天了，怎么办啊？"前段时间，一名修路项目部的负责人急匆匆赶到夏河县人力资源社会保障局，喘息未定就接着说，"工人说克扣工资，不是我们不想给，而是他们突然要得太多了。"

听到这里，劳动保障监察大队工作人员魏鹏云警惕起来——这应该不是单纯的赖账欠薪问题，有可能是一场劳资纠纷。原来，近50名农民工未与项目方协商一致，双方核算工资差距达27万元。

基于存在欠薪的客观事实，夏河县启动领导包案机制——由政府分管领导出面，将劳动保障监察大队、县检察院和公安派出所等部门联合起来，一事一策进行调解。经过现场测量、精准普法和反复沟通，双方达成一致意见，工资当场结算。同时，大队也对未及时签订合同等问题作出处理。针对类似情况，夏河县加强行政执法与刑事司法的有效对接，组织发改、财政、公安、司法、工会、民政和社区等部门多次开展工作。

除了处置纠纷，夏河县还组织多个部门联合行动，树立典型榜样、进行牵线搭桥，为有需要的农民工和企业提供公平公正机会，打造诚信样板。

梁架前，经纬交织，旦正草拿起工具轻轻梳理，各色纱线在头顶轻妙飞悬，一条平软细腻的手工藏毯即将制作完成。在王格尔塘镇生态产业园，夏河县雪域藏毯商贸有限责任公司的厂房里热闹非凡。去年最多时，像旦正草这样进厂打工的有70多人。其中不少人来这里务工多次，说起原因，旦正草给镇党委政府和公司董事长道吉才让竖起了大拇指："在这里，做多久都能确保拿到钱，干得安心。"

4年前，道吉才让返乡创业。做过几十年工人的他明白，要想短时间内招到勤恳的工人，首先得让他们信得过自己。

这时，县里和镇里的商务、群团、金融和园区管委会等部门找到他，除了一般的招商引资政策，还拿出附近东山村、下滩村的农民工花名册，陪同他一起招工。

其间，他们一同商讨工资待遇、订立合同和规章制度。当地多部门联合宣讲法律政策，道吉才让承诺建设工资支付诚信体系，通过设置专门账户、指派专人监督等措施，做到"哪怕只干一天，也绝不拖欠一分"。

生态产业园里，很多小微企业看到了这 4 年里公司的发展，一名与之相隔不远的食品企业负责人由衷感叹："这是我们一直学习的地方，工资支付诚信了，发展之路才更踏实。"

织密"关爱网"——
建构关怀体系 减少后顾之忧

"想念美丽的桑科草原，更感谢你们无微不至的帮助！"

在拉卜楞镇塔哇社区的党员活动室里，社区党支部书记拉浪吉正和天津的张先生视频连线，他们的相识，要从一次意外说起。

2022 年，张先生来到夏河务工，租住在塔哇贡玛村。没想到，临近过年时意外受伤，张先生一下子慌了神——自己孤身一人在夏河，受伤看病、女儿上学都要钱，干了几个项目的工资还没来得及结算，急得他几天几夜睡不好。

了解情况后，多个网格单位展开配合。张先生工作的项目和居住地都属于塔哇社区，社区网格员熟悉情况，短时间内就掌握了情况。同时，甘南州"三级网格化监察"管理工作模式发挥作用，它由州级网格监察、成员单位包保监察和各县市属地网格监察共同组成。具体到夏河县，网格又细分到了项目负责人，一旦发现欠薪线索，就可直达一线。

最终，张先生到手工资一分不少，顺利回乡养病。

这张多个网格连成的"关爱网"里，不仅有线下关怀，更有信息化的精准服务。

在甘肃省人力资源社会保障厅的"陇明公"平台上，实名制采集人数、建设项目数、备案劳动合同、累计发放工资情况一目了然。同时，一块大屏上显示的欠薪预警信息也引人注目。目前，甘南全州已经实现农民工工资发放"数据一个库、监管一张网、管理一条线"。

线下线上都有了"网"，负责处理问题的部门责任清晰。但一些农民工人生地不熟，文化水平有限，不能分清责任归属，怎么办？

"想问一下农民工进城医保""能帮我买张火车票吗"……受理欠薪的平台常常收到农民工的各类求助。

为了集中分散力量，在州、县两级的调研和尝试中，当地决定将党建、村社、干部、代表委员等8种力量统筹起来，建构更大的基层社会治理工作机制。

在县委县政府大楼的显眼处，就是当地综合治理接待大厅。这里接待的窗口包括涉法涉诉、法律援助、医疗卫生等。在这里的窗口，不仅有专人提供法律咨询，还会引导农民工至责任部门陪同办理，全程不过200多米，问题就在同一个大院里得到回应。

"以农民工兄弟的问题为导向，坚持源头预防和清欠治欠并举。"夏河县人力资源社会保障局局长欧亚东介绍，2023年，夏河共计受理线上线下拖欠农民工工资案件320起，其中98%已经结案，为470名农民工追回被拖欠工资600余万元。

（宋朝军 《人民日报》2024年1月19日第14版）

拓展阅读

实实在在检视整改突出问题

帮扶困难群众要做到应帮尽帮，但有些政策过去执行的是"依申请救助"，群众不了解政策，不主动申请，就享受不到政策实惠。有地方部门在深入调研中发现了这个问题，说改就改，转变工作作风，开展"找到你"专项行动，实现从"人找政策"到"政策找人"的转变……第二批主题教育中，各地区各部门各单位将检视整改摆在突出位置，把一个个"问题清单"转化为"成效清单"，化为群众实实在在的获得感。

习近平总书记今年10月在江西考察时强调，"实实在在检视整改突出问题"。中国共产党人干革命、搞建设、抓改革，从来都是为了解决中国的现实问题。解决真问题、真解决问题是评价检验主题教育成效的重要标准，主题教育开展得好不好，主要看检视问题、整改问题彻不彻底、到不到位。

对人民群众反映强烈的"靠路吃路"等问题开展集中整治，聚焦经营主体关切和体制机制障碍深化"放管服"改革……第二批主题教育涉及的单位和人员同群众的联系更直接，群众期待解决的问题更具体，要让群众看到实实在在的成效，就必须突出问题导向和实践特色，动真碰硬，真查实改，以新气象新作为回应群众的期待和要求。党员干部一方面要紧扣发展所需、改革所急、基层所盼、民心所向的问题，打通堵点、破解难点、消除痛点，打开事业发展新局面；一方面要发扬刀刃向内的自我革命精神，对标党风要求找差距、对表党性要求查根源、对照党纪要求明举措，让人民群众感受到扑面而来的新风正气，从而真正实现改造客观世界与改造主观世界的辩证统一。

检视整改不仅要解决现实而紧迫的问题，还要着眼长远、谋划将来。应坚持"当下改"与"长久立"相结合，注重从源头上解决问题，通过建章立制补齐短板。有的地方因地制宜学习推广"四下基层"优良传统，落实定期下访接访制度，形成解决复杂问题的长效机制；有的地方聚焦产业提档升级的关键点，建立"七链协同"抓产业、"走宣解"服务民营经济等机制，加快推进绿色发展……制度是管根本、管长远的，坚持以检促改、举一反三，不仅能够防止问题反弹，也实现了通过"解剖一个问题"推动"解决一类问题"。

问题是时代的声音。开展主题教育不是为了学而学，而要和中心任务结合起来，和推进中国式现代化结合起来。无论是建设现代化产业体系，还是全面推进乡村振兴；无论是健全社会保障体系，还是提高公共安全治理水平，各领域发展都还存在不少突出矛盾和问题，需要各地区各部门各单位担当职责使命，在不断检视整改中化解矛盾、解决问题、实现突破。广大党员干部要以主题教育为契机，树立和践行正确政绩观，提高推动高质量发展的本领，增强真抓实干的能力，创造经得起历史和人民检验的实绩。

真干出真业绩，实干成就梦想。眺望前方的奋进路，不驰于空想，不骛于虚声，以愚公移山的志气、滴水穿石的毅力扎实工作、埋头苦干，我们就一定能过了一山再登一峰、跨过一沟再越一壑，在不断破解难题中铸就新的更大辉煌。

（彭飞　《人民日报》2023 年 11 月 16 日第 4 版）

在基层实践中找到解决问题的"金钥匙"

最近在福建省福鼎市硖门畲族乡采访时，一名原驻村第一书记讲起了自己经历的一件事：当时在山头上看到有村民在种地，就问了一句在种什么，村民用方言回答"tud α o"，于是他记下了马铃薯，回去后和同行的人一核对，发现对不上，才知道原来村民口中的"tud α o"，其实是花生。这件事也让他深有感触：不下基层，不仅听不懂群众的话，更办不好群众的事。

基层是国家治理的最末端，也是服务群众的最前沿。多到基层听民声，多在一线接地气，做"明眼人""有心人"，才能更深了解基层，更好服务群众。习近平同志在福建工作期间，多次强调干部要"把心贴近人民"、练好密切联系群众的基本功，并大力倡导"宣传党的路线、方针、政策下基层，调查研究下基层，信访接待下基层，现场办公下基层"的工作方法。"四下基层"是密切联系群众的重要途径。今天，群众工作对象更加多元，群众诉求更加多样，群众工作环境更加复杂。进一步传承和弘扬"四下基层"优良传统，让"下基层"成为一种主动意识、一种自觉行动，是继往开来的新课题，也是对责任担当的新考验。

经常下基层，了解清楚群众在想什么、盼什么，才能把工作做到群众心坎上。当年，习近平同志深入福州市走访调研，了解到"福州人最怕的就是水火无情"。福州多木板房，火一烧一大片；闽江水一灌，水就进了屋。针对这些问题，福州市及时启动加高加固闽江防洪堤工程，同时积极开展棚户区改造，曾经的"纸褙福州城"，逐渐蝶变为"有福之州"。"上之为政，得下之情则治，不得下之情则乱。"为群众做好事实事，察民情、访民意是第一步。多跑跑基层，靠"一头汗两腿泥"把情况摸清，"坐在一条板凳上"把问题唠透，真正了解群众的急难愁盼，才能知道该往哪儿着力，不断增强工作的针对性、科学性、有效性。

基层取真经，一线有答案。坚持眼睛向下、走进群众，就能听到真话、觅得真经。习近平同志在宁德工作时，坚持问计于基层、问计于群众，多次赴周宁县黄振芳家庭林场调研，走访古田县香菇技术员彭兆旺了解香菇生产发展情况等。1989年2月，8名农民代表登上讲台，向地直机关副科长以上干部作改革十年的形势报告，成为闽东人津津乐道的一段佳话。这次会议正是由时任宁德地委书记习近平同志主持。基层有最丰富最生动的实践，群众中蕴藏着无穷的智慧和力量。高手在民间，多向群众学习、向实践学习，就能化"脚力"为"能力"，在基层实践中找到解决问题的"金钥匙"。

基层工作千头万绪，但点滴小事里有安危冷暖，柴米油盐间有万家忧乐。到基层去，与群众"面对面"交流、"零距离"服务，才能真正拉近与群众的距离，架起干部和群众之间的"连心桥"。古田县商务局一名年轻干部，去年参加县里组织的"四下基层"实践活动，和农户同吃、同住、同劳动、同调研，她说："以前村民看见我都叫我'领导'，现在他们会喊我'妹子'。"霞浦县纪委监委开展"连心日"活动期间，纪检监察干部曾帮助一名老人为其孙女申请到了孤儿补助，后来工作人员回访时，老人专门表达了感谢。"四下基层"，立足于"下"，植根于"民"，把心贴近人民，读懂群众的诉求，办好群众关心的事，干部就是群众的"自己人"，党群干群关系就能更紧密。

"老百姓心里有杆秤。我们把老百姓放在心中，老百姓才会把我们放在心中。"习近平总书记的话掷地有声。新征程上，广大党员、干部坚持好传承好弘扬好"四下基层"优良作风，深入实际、深入基层、深入群众，做到知民情、解民忧、纾民怨、暖民心，多干让人民满意的好事实事，就一定能赢得人民的支持与肯定。

（张凡 《人民日报》2023 年 12 月 8 日第 4 版）

用心用情下基层

"为什么堂善沟没有治理好？"在海南省海口市秀英区长流镇堂善村全村党员大会上，一名老党员提出问题。有"问"必"答"，堂善村党支部深入调研走访，听民声、访民情，激发村民参与治理的积极性。10天时间里，堂善沟畔 26 户村民主动拆除乱搭乱建。这成为海口市学习运用"四下基层"制度、统筹推进农村黑臭水体治理工作的生动缩影。

宣传党的路线、方针、政策下基层，调查研究下基层，信访接待下基层，现场办公下基层，是习近平同志在福建宁德工作时大力倡导并身体力行形成的工作方法和工作制度。"四下基层"，来到的是基层，抵达的是民心，夯实的是根基。新征程上，尤应传承弘扬"四下基层"优良作风，努力走好新时代党的群众路线。

捧出真心，带着感情下基层。下基层，深入群众，既要身到，更要心到、情至。俗话说，"锅不热，饼不贴"。倘若没有甘为孺子牛的姿态，没有对群众的满腔热忱，即使人下去了，心也难免有隔阂。焦裕禄风雪天访贫问苦，看望老人；孔繁森借钱抚养孤儿，用自己身体为藏族老阿妈暖脚疗伤；廖俊波见到群众时，经常会问最近有什么想法、遇到什么困难……葆有为民赤子之心，全心全意为人民服务，群众才会把干部当亲人、家人，当友人、知己。也只有用心用情，才能既入群众家门，又入群众心门，让工作如春风化雨、润人心田。

激发智慧，带着思考下基层。到基层去，需要下一番真功夫。"时代楷模"黄诗燕扎根脱贫一线、鞠躬尽瘁，担任湖南省炎陵县委书记的9年里走遍全县120个村庄。山多地少，出路在哪里？不少老乡家里种了黄桃，为什么经济效益却不好？通过深入调研与思考，黄诗燕提出，农业发展重点是抓好生态特色产业。在他的倡议下，县里成立黄桃产业办、黄桃协会，推动"炎陵黄桃"打响了品牌，做大了产业。胸怀"国之大者"，带着对现实问题的思考，沉下去做宣传、搞调研、做接访，才能有的放矢，既弄清"是什么"，又弄清"为什么""怎么办"。

肩负使命，带着责任下基层。为着解决困难去工作、去奋斗，是我们党的优良传统。当年，习近平同志三进下党访贫问苦、现场办公，协调解决下党村公路和水电建设、下屏峰村灾后重建等问题，造福当地群众。增强问题意识，多到困难多、群众意见集中、工作打不开局面的地方去，才能摸清社情民意，了解群众的急难愁盼。以"时时放心不下"的责任感，践行初心使命，破解发展难题，办好惠民利民实事，才能用党员、干部的"辛苦指数"换取群众的"幸福指数"。

基层是国家治理的神经末梢，也是党和政府联系服务群众的"最后一公里"。把为民造福作为最大政绩，充分运用好"四下基层"这个重要抓手，深入实际、深入基层、深入群众，想人民之所想，行人民之所嘱，我们就一定能提升基层治理精细化、精准化水平，不断把人民对美好生活的向往变为现实。

（向贤彪 《人民日报》2024年1月5日第4版）

把化解矛盾、破解难题作为工作突破口

福建宁德古田县坂中村，发展食用菌种植已有30多年，银耳产业小有规模，然而因为种植分散、品种单一，这些年发展遇到了瓶颈。如何破题？古田县派驻到坂中村的乡村振兴指导员杜新华在与菇农们聊天时，发现了一个思路——寻找"能够高产，有更高效益"的好品种。后经过多方联络、走访，他找到了一个新品种，"价格相当于普通银耳的5倍左右"。

不过，品种找到了，新的问题又来了：新品种种植条件更严格，菇棚需要升级改造，菇农有顾虑。杜新华又将县里的金融助理员请来，给大家介绍最新金融助农政策，可以为扩大生产的菇农提供低息贷款，这让菇农们有了试一试的底气，工作很快推开。在深入基层中发现问题、解决问题，坂中村的"银耳故事"，正是践行"四下基层"的生动案例，给人以思考和启迪。

问题是事物矛盾的表现形式，矛盾是普遍存在的。在福建宁德工作期间，一次在古田县现场办公时，习近平同志强调，"群众提出来的问题不要怕，不要回避，一定要深入到基层去发现问题、面对问题、解决问题。你越是害怕困难、回避困难，困难就越多，群众意见就越大"。坚持问题导向，增强问题意识，敢于正视问题，既是传承弘扬"四下基层"优良作风的内在要求，也是把为民造福落到实处的题中应有之义。

离基层越近、离群众越近，越能把情况摸清、把问题找准、把对策提实，越能把工作做到群众心坎上。习近平同志在福建福州工作时，有一次到闽清县接访，有农民过来反映种的西红柿卖不掉。习近平同志当时就给农民们承诺：市里会马上研究，帮助你们解决！政府部门经过专题研究，决定建设亚峰蔬菜批发市场，实现产销一体、城乡联动，从根本上解决买难、卖难的问题。从发现产销失调的问题，到解决这个问题，依靠的正是深入实际、深入基层、深入群众。扑下身子、沉到一线，多到最困难的地方去，到群众意见多的地方去，到工作打不开局面的地方去调查研究、开展工作，才能把一个个"问题清单"变为"成果清单"。

立足"小切口"，能推动解决"大问题"。深南花园位于广东深圳南山区科技园片区，片区常住人口超 3 万，汇聚了 2000 多家企业、近 10 万名员工，去年受地铁施工影响，深南花园附近道路早晚高峰交通拥堵进一步加剧。南山区相关部门在调研后，找到了拥堵源头：早期道路规划设计存在缺陷，人员密集、慢行系统需求大，车辆乱停乱放、非机动车占用机动车道问题突出等。通过改造人行道、挖潜立交桥下空置地带、清理违停车辆、实施机非分流等，拥堵难题得到顺利解决。不仅如此，南山区还举一反三，将经验做法梳理成案例，应用到全区人流大、人车抢道拥堵的类似区域，以"点的突破"带动市民出行整体质效"面的提升"。从紧盯"一个点"到处理"整个面"，从疏通"单环节"到打通"全链条"，从解决"一件事"到办好"一类事"，打通堵点、破解难点、消除痛点，就能不断打开事业发展新局面。

问题是时代的声音。习近平总书记指出："每个时代总有属于它自己的问题，只要科学地认识、准确地把握、正确地解决这些问题，就能够把我们的社会不断推向前进。"以解决问题为工作导向，瞄着问题去，追着问题走，善于把化解矛盾、破解难题作为工作突破口，在攻坚克难中开拓前进，我们的事业将一往无前，我们的未来将充满希望。

（陈凌　《人民日报》2024 年 1 月 15 日第 4 版）

"四下基层"彰显历久弥新的时代价值和实践伟力

"四下基层"是习近平同志在福建宁德工作时大力倡导并身体力行形成的工作方法和工作制度。35 年来，"四下基层"在机制上不断完善、在主体上不断拓展、在形式上不断创新。把学习推广"四下基层"作为第二批学习贯彻习近平新时代中国特色社会主义思想主题教育的重要抓手，必将有力推动广大党员干部走好新时代党的群众路线，在新时代伟大实践中彰显历久弥新的时代价值和实践伟力。

"四下基层"是践行党的群众路线的一项重大创举

习近平同志在宁德工作期间，以身作则带领各级党政干部深入基层，发动群众、组织群众、依靠群众，推动改革开放和经济社会发展，以实际行动密切党同人民群众的血肉联系，为党员干部践行党的群众路线树立了光辉典范。

把为民造福作为"四下基层"根本出发点，着力解决好群众急难愁盼问题。为中国人民谋幸福，为中华民族谋复兴，是中国共产党人的初心和使命。习近平同志在《从政杂谈》中指出："当官，当共产党的'官'，只有一个宗旨，就是造福于民。"20 世纪八九十年代，宁德霞浦和福安一带沿海有不少世代以船为家的连家船民，长年累月漂泊于海上，生活相当艰苦。习近平同志高度重视连家船民的生活境遇，亲自带队考察，现场办公制定方案，推动连家船民上岸，让他们过上了岸上有房、作业有船的新生活。在福建工作期间，习近平同志身体力行守护好群众的菜篮子、肉案子、米袋子，着力解决群众就业、子女上学、看病、住房等急难愁盼问题。将百姓的衣食住行、利益福祉挂在心上，矢志造福人民，以强烈公仆之心和念兹在兹的深厚情怀推动各项工作，这是共产党人为民造福、为民执政的鲜明特质。

把基层一线作为"四下基层"关键所在，确保党的政策主张落地生根。基层是党的执政之基、力量之源。习近平同志在福建工作时指出"我们一切工作，基层最重要"，强调"基层是第一线，也是前线，也是火线"。1988年12月20日，宁德首次"地县领导接待群众来访日"活动在霞浦县举办。时任宁德地委书记的习近平同志，带领地县两级领导与102名来访群众对话，受理各类问题86件，当场答复解决12件，其余的要求相关部门在一个月内处理完毕。到省里工作后，习近平同志系统总结南平向农村选派村党支部书记、科技特派员和乡镇流通助理的实践经验，从中凝练出"高位嫁接、重心下移、夯实农村工作基础"的工作思路并在全省推广，促进机关干部、科技人员和农民形成互相支持、互相依赖、互相配合的有机整体，开创了农业和农村发展新局面。坚持工作力量下沉，鼓励引导党员干部深入基层、深入群众，在基层一线落实党的方针政策，这是我们党高度重视基层治理的生动体现。

把以研促谋作为"四下基层"突出抓手，有力促进决策质量不断提高。调查研究是我们党的传家宝，是做好各项工作的基本功。习近平同志在福建工作期间，始终把调查研究作为促进决策科学化、民主化的重要抓手。1988年6月，到任宁德地委书记后，习近平同志首先开展了深入的调查研究，跑遍9个县。在此基础上，提出了闽东地区"弱鸟先飞""滴水穿石""扶贫先要扶志"等发展理念。在宁德工作期间，他跑遍绝大多数乡镇，留下了"三进下党""三上毛家坪"等佳话。从调研起步，以调研开局，是习近平同志在福建工作时的鲜明特点，为今天全党重视调研、深入调研、善于调研树立了光辉榜样。

把问题导向作为"四下基层"重要方法，推动矛盾问题有效解决。问题是时代的声音。习近平总书记指出："要提高调查研究能力，坚持问题导向，深入实际摸清真实情况，集合众智提出解决办法，努力使对策建议有的放矢、切中要害。"在福建工作期间，习近平同志始终坚持问题导向，着力推动问题在一线解决。三进下党访贫问苦、现场办公，协调解决下党村公路和水电建设、下屏峰村灾后重建等问题，造福当地群众。六年七下晋江，摸实情、谋发展，总结提出"晋江经验"，推动县域经济和民营经济持续健康发展。始终坚持问题导向，既发现问题、筛选问题，又研究问题、解决问题，体现了共产党人推动事业发展的科学方法。

把走好群众路线作为"四下基层"重要支撑，推动干部作风持续转变。人民群众是基层社会治理的"源头活水"，只有最大限度调动广大人民群众的积极性、主动性、创造性，才能形成基层社会治理的强大合力。在宁德工作时，习近平同志总是带着深厚感情走到群众中去，倾听群众呼声，推动地委、行署制定"书记约访日"和"专员接待日"制度，主动把接访工作做到群众中去。在福州工作时，习近平同志提出"十反对十提倡"，其中摆在第一位的就是"坚决反对浮在上面、大力提倡深入实际"。通过深入群众倾听民声、问计于民，从生动鲜活的基层实践中汲取智慧，以身示范推动干部作风持续转变，体现了共产党人求真务实、担当作为的工作作风和工作方法。

"四下基层" 彰显强大时代生命力

35 年接续传承，35 年创新发展，"四下基层"早已跨出福建、走向全国，其所蕴含的马克思主义立场观点方法，随着时代发展和实践创新不断发扬光大，彰显历久弥新的时代价值和强大的时代生命力。

体现深厚的为民情怀。"四下基层"立足于"下"，植根于"民"，是党的群众路线的实践创新，是群众观点和群众工作的有机统一。习近平同志在福建结交农民朋友，指点发展路子，被群众称为"百姓省长"。为民造福没有休止符，只有连续不断的新起点。习近平总书记始终把人民放在心中最高位置，用脚步丈量民情，用行动温暖民心。为打赢脱贫攻坚战，习近平总书记走遍全国 14 个集中连片特困地区，考察了 20 多个贫困村，深入贫困家庭访贫问苦，倾听贫困群众意见建议，了解扶贫脱贫需求，极大鼓舞了贫困群众脱贫致富的信心和决心，充分彰显深厚为民情怀和崇高人格风范。不管时代如何变化，我们都要始终坚持人民至上，站稳人民立场，脚踏实地走好新时代党的群众路线，把惠民生的事办实，把暖民心的事办细，把顺民意的事办好。

体现鲜明的实践品格。实践性是马克思主义理论区别于其他理论的显著特征。"四下基层"坚持将问题解决在基层、将矛盾化解在基层、将发展落实在基层，体现鲜明的实践品格。习近平总书记以身作则、率先垂范，经常深入基层开展调查研究。基层是国家治理的最末端，也是服务群众的最前沿。传承弘扬"四下基层"优良传统，要紧跟时代步伐，把握时代脉搏，深入基层研究回答实践中遇到的新问题，总结新经验，探索新规律，真正做到在一线察实情、在一线解难题、在一线促发展，不断开创事业发展新局面。

体现强烈的问题导向。中国共产党人干革命、搞建设、抓改革，从来都是为了解决中国的现实问题。坚持问题导向，增强问题意识，敢于正视问题，是"四下基层"的鲜明特征，体现了我们党重要的思想方法和工作方法。以习近平同志为核心的党中央，聚焦我国发展和我们党执政面临的重大理论和实践问题，把问题作为研究制定政策的起点，把工作的着力点放在最突出的矛盾和问题上，把化解矛盾、破解难题作为打开局面的突破口，推动中国特色社会主义事业不断向前发展。新时代新征程上，我们要增强问题意识，聚焦实践遇到的新问题、改革发展稳定存在的深层次问题、人民群众急难愁盼问题、国际变局中的重大问题、党的建设面临的突出问题，不断提出真正解决问题的新理念新思路新办法。

体现系统的科学方法。坚持系统观念，强化系统思维，是习近平同志在福建工作期间一以贯之的重要方法。"四下基层"着眼于宣传发动群众与解决群众诉求相结合、问需于民与科学决策相结合、基层治理与作风转变相结合，集中体现了唯物辩证法关于坚持用普遍联系的、全面系统的、发展变化的观点观察事物、把握事物发展规律的要求。面对复杂严峻的国际环境和艰巨繁重的国内改革发展稳定任务，以习近平同志为核心的党中央始终坚持系统观念，统筹改革发展稳定、内政外交国防、治党治国治军等各方面工作，团结带领全国各族人民迎难而上、砥砺前行，引领中华民族伟大复兴的巨轮沿着正确航向破浪前行。新时代新征程上，我们必须坚持系统观念，坚持对上负责与对下负责相统一、让党中央放心与让人民群众满意相统一、为了群众与依靠群众相统一，掌握科学思维方法和工作方法，不断增强推动高质量发展的科学性、预见性、主动性、创造性。

体现实干的担当精神。"四下基层"展现了共产党人实干兴邦、为民造福的强烈担当。面对世所罕见、史所罕见的重大风险挑战，以习近平同志为核心的党中央，以伟大的历史主动精神、巨大的政治勇气、强烈的责任担当，团结带领亿万人民迎难而上，沉着应对，不信邪、不怕压、不避难，完成脱贫攻坚、全面建成小康社会的历史任务，实现第一个百年奋斗目标，迈上了全面建设社会主义现代化国家的新征程，实现中华民族伟大复兴进入了不可逆转的历史进程。担当是一种精神、一种境界、一种情怀。一切难题，只有在实干担当中才能破解。广大党员干部要走出机关，下到基层，深入矛盾最突出的现场去破解难题、推动发展、回应期盼，把为基层解难题、为群众办实事与个人成长进步有机统一起来，在推进强国建设、民族复兴的伟大实践中，创造经得起历史和人民检验的业绩。

（黄茂兴、林在明、雷晶晶 《人民日报》2023年12月27日第9版）

坚持"四下基层" 走好群众路线

当前，第二批学习贯彻习近平新时代中国特色社会主义思想主题教育正在扎实开展，"四下基层"是重要抓手。福建省委召开全省深化运用"四下基层"、走好新时代党的群众路线推进会，推动全省各级党组织和广大党员干部深刻把握"四下基层"的丰富内涵、时代价值和实践要求。同时，组织专题调研组，循着习近平总书记当年的足迹，赴宁德古田、周宁、霞浦、福安和福州等地进行实地调研，与亲历见证"四下基层"的党员、群众面对面交谈，与基层一线的同志深入交流，系统总结"四下基层"的经验启示，深刻感悟大党大国领袖的崇高风范、思想伟力、政治智慧、人民情怀，更加自觉坚定拥护"两个确立"、坚决做到"两个维护"。

一、"四下基层"是密切联系群众的重大创举

20 世纪 80 年代，宁德下辖的 9 个县中有 6 个是贫困县，条件十分艰苦，被称为东南沿海"黄金断裂带"。面对闽东地区贫困落后面貌，面对群众脱贫致富的强烈期盼，时任宁德地委书记的习近平同志深入开展调查研究，深入思考如何加快发展、摆脱贫困，指出"贫困地区的发展靠什么？千条万条，最根本的只有两条：一是党的领导；二是人民群众的力量"。习近平同志从信访工作入手，倡导建立领导下访、约访群众制度，强调各级干部苦练密切联系群众基本功。1988

年 12 月,习近平同志在霞浦主持首次"地县领导接待群众来访日"活动,要求"约访制度和下基层开展信访接待日活动的制度要坚持下去"。1989 年 1 月,为进一步密切干群关系、推动各项工作部署得到有效落实,习近平同志提出"宁德地区今年要开展三项活动:一是地县领导到基层去现场办公;二是各级领导建立群众接待日制度;三是领导干部同基层单位挂钩联系"。后来,习近平同志将这些做法完整阐述为"宣传党的路线、方针、政策下基层,调查研究下基层,信访接待下基层,现场办公下基层"。1990 年 5 月,习近平同志在给宁德地直机关领导干部的临别赠言中指出,"四下基层"工作得到了人民群众的欢迎和称赞,要继续坚持下去,并注意在实践中不断完善,还要不断探索密切联系群众的新途径、新方法。

"四下基层"提出后,习近平同志率先垂范,与宁德地委领导轮流带领地直有关部门负责人,定期到各县接待群众来访,深入基层调查研究、现场办公和宣传政策,为群众办实事、办好事。在担任福州市委书记时,习近平同志进一步提出开展进万家门、知万家情、解万家忧、办万家事"四个万家"活动,要求改进干部作风,落实"马上就办、真抓实干"。到省委、省政府工作后,习近平同志总结实践经验,在全国率先提出加强机关效能建设,亲自担任省机关效能建设领导小组组长,推动全省改进工作作风、增强服务意识、提高发展效能。

党的十八大以来,习近平总书记始终保持亲民为民爱民的崇高风范,把老百姓的事当作最大的事。总书记以身作则、躬身力行,一以贯之深入基层调研,推动民生问题解决,为广大党员干部树立了光辉榜样。

福建历届省委、省政府大力传承弘扬"四下基层"优良作风,推动"四下基层"内涵不断深化、载体不断丰富、制度日益完善,成为广大干部群众在八闽大地接续奋斗的强大力量。作为"四下基层"发源地，宁德已从当年的"老少边岛贫"地区，发展成为如今全省新的增长极，综合实力跃升至全省第 5 位，跨入全国百强城市行列。从调研情况看，福建践行"四下基层"取得了突出成效。

有效促进党的政策主张落地生根。 多年来，省市县三级以落实"四下基层"为抓手，组织开展贯彻落实党中央决策部署集中宣讲，通过面对面讲解，以生动的语言让党的创新理论传遍八闽，把党的正确主张转变为群众的自觉行动。党的十八大以来，福建深入挖掘习近平总书记在福建工作期间提出的重要理念、开创的重大实践，组织党员干部深入一线宣讲党的理论和路线方针政策，着力讲好新时代故事。党的二十大以来，全省开展宣讲 9.6 万场次，受众超过 1100 万人次。这次主题教育，第一批参加单位的领导干部宣讲 2000 多场次，260 多支"福小宣"小分队宣讲 1 万多场次。调研组和基层干部群众交流时，他们对习近平总书记的深厚爱戴之情溢于言表。

有效提高科学决策质量水平。 福建牢记习近平总书记在宁德工作时提出的"作出决策之前，先听他个八面来风"重要要求，把调查研究作为领导干部的基本功，出台重大决策征求意见制度，对征求意见的事项、对象、原则、方式和处理等进行具体规定，形成重大决策听取群众意见的常态做法，推动各级领导干部走出机关，下基层问政于民、问需于民、问计于民。如今，"先调研后决策"已经成为福建各级领导干部的普遍共识和工作常态。在第一批主题教育中，省委常委带头领题深入基层调研，示范带动第一批参加单位聚焦各类问题确定调研课题 1029 个，举办调研成果交流会 151 场，推动第一批参加单位检视问题 1215 个、采取整改措施 3599 条。开展"我为福建高质量发展献策"、"我为强省惠民建言"线上大调研，截至 2023 年 8 月底，共征集意见建议 2.2

万多条，省政府组织专班对其中有建设性的意见建议进行吸收办理，转化成 76 项具体措施。

有效畅通民意诉求通道。 把"四下基层"纳入社会治理体系，坚持省市县三级领导定期接访。2012 年以来，全省领导干部参加每月 15 日的领导干部接访活动累计 27.5 万人次，接待群众 14.5 万批次、35.7 万人次。一位受访的霞浦县干部谈到，自从领导干部下基层接访制度建立后，霞浦县信访量逐年下降，由曾经的"信访大县"变为全国信访工作先进县。经过多年努力，福建基层社会治理创新深入推进，全省信访工作实现根本性转变，省市县乡村五级全部建成"信访评理室"，20 余万名"评理员"活跃在基层一线，平安（综治）建设考评稳居全国前列。

有效推动干部作风转变。 以"四下基层"优良作风引领带动广大党员干部走出"文山会海"，俯下身子到基层一线办实事。省级领导干部每半年至少 1 次，市级领导干部每季度至少 1 次到基层现场办公。一名福州基层干部介绍，新冠疫情期间，全市普遍推行党员干部"双报到"制度，党员干部下沉社区参与疫情防控工作，拉近了与群众的距离，共同打好疫情防控的人民战争。近年来，福建涌现出廖俊波、孙丽美、潘东升等一批先进典型。调研组深切感受到，全省党员干部精神饱满，爱拼会赢、干事创业的劲头高涨，"马上就办、真抓实干"蔚然成风。

有效增进民生福祉。 深入开展"我为群众办实事"和"我为企业解难题"等活动，省委、省政府连续 33 年每年实施一批为民办实事项目，2012 年以来民生支出占一般公共预算支出比重年均保持在 70%以上，一批民生领域突出问题得到有效解决，群众获得感幸福感安全感更加充实。矢志不移摆脱贫困，2019 年底全省现行标准下农村建档立卡贫困人口全部脱贫，2201 个建档立卡贫困村全部退出，23 个省级扶贫开发工作重点县全部摘帽，脱贫地区铺展开山乡巨变、山河锦绣的时代画卷。福安市下岐村一位村民动情地说："以前连家船民'上无片瓦、下无寸土'，一家七口常年'水上漂'，一年收入几千块钱。现在住着黄墙红顶新楼房，收入增长了十几倍甚至几十倍。我们由衷感恩习近平总书记！"

二、"四下基层"的长期实践

多年来，福建省委、省政府一任接着一任干，坚持通过"四下基层"察实情、找问题、谋良策、促发展，进一步密切联系群众、畅通民意诉求通道、更好服务基层群众。在第一批主题教育中，省委常委会专门赴"四下基层"发源地宁德举办读书班、开展集中研讨，在寻根溯源中深切感受人民领袖的伟大思想、伟大情怀。

坚持人民至上、为民造福。 习近平总书记在福建工作期间强调，牢记政府前面的"人民"两个字。福建把"四下基层"作为倾听民声、汇聚民意、化解民忧的重要途径，推行省、市级领导干部每人结对帮扶1个村（社区）、挂钩1个企业（项目）、帮扶1户以上贫困户，在谋民生之利、解民生之忧上出新招、办实事。抓实为民办实事项目，探索"民呼我为"、推进"接诉即办"等机制，对群众反映强烈、长期没有解决的突出问题，采取领导挂钩包案和台账式管理、项目化推进等方式集中整治。鼓励广大人民群众和社会各界以各种方式建言献策，创新服务方式，提高便民服务水平，设立12345政务服务便民热线，畅通咨询、投诉、建议和求助渠道，实现有呼必应、有诉必理、有理必果。

坚持重心下移、着力一线。 习近平总书记在福建工作期间指出，"我们一切工作，基层最重要"；"基层是第一线，也是前线，也是火线"。福建紧紧牵住基层这个"牛鼻子"，推动各级领导干部深入基层、各项政策导入基层、各类资源下沉基层。推行"发现问题在一线,化解矛盾在一线,工作落实在一线"的"一线工作法",建立健全干部直接联系群众、挂钩联系民营企业制度,促进领导干部帮助基层、群众和企业办实事、解难题,把问题解决在源头,把矛盾消弭在萌芽状态。县处级以上领导班子带头深入基层单位,综合运用座谈访谈、随机走访、问卷调查、蹲点调查、明察暗访等方式,做到情况掌握在基层、问题解决在基层、矛盾排解在基层、工作推动在基层、感情融洽在基层。坚持和完善习近平总书记在福建工作期间推广的"科技特派员"和"下派村支书"制度,20多年来,全省累计选派省市县三级科技特派员7.9万人次、选派优秀干部2万多名。他们活跃在基层第一线,将资金、人才、技术、信息等资源导入乡村,带领群众增收致富。

坚持以研促谋、推动发展。习近平总书记在福建工作期间坚持先调研后决策,提出把主要精力放在决策前的调查、分析、论证上,以寻找和选择最佳决策方案。福建把调查研究作为开展工作、出台政策、制定战略的"先手棋",贯穿决策链条全过程,推动调查研究制度化、常态化建设向纵深发展,以科学决策、精准施策全方位推进高质量发展。制定《关于进一步加强和改进省委常委会调查研究工作的八条措施》,从省委常委会自身抓起,每年省级领导到基层调研不少于30天,市县领导不少于60天,以便掌握在办公室难以听到、不易看到的第一手情况。抓好调查研究成果的综合运用,及时转化为推动高质量发展、创造高品质生活、实现高水平治理的政策措施。实施新时代民营经济强省战略,在召开专题研究部署会议之前,福建省委组织调研组,到全省各地走访园区和企业,与基层干部、民营企业负责人、商会代表座谈交流,征询专家学者和智库意见建议,并运用线上调研等方式广泛了解情况,形成调研报告和问题清单,推动调研成果转化为政策措施。

坚持固本强基、锤炼干部。习近平总书记在福建工作期间强调，与民相知心，切实改进领导作风，深入群众，密切党同人民群众的联系，大力倡导"马上就办、真抓实干"。福建坚持把弘扬"四下基层"优良作风作为转变作风、锤炼党性、提高本领的重要抓手。突出领导干部以上率下作用，出台深化激励干部担当作为的20条政策措施，进一步提振干部干事创业精气神。把基层一线作为培养锻炼干部的广阔舞台，深入实施年轻干部与群众"同吃、同住、同劳动、同调研"实践活动，推动党员干部投身基层建功立业。近5年，选派近5500名中青年干部参加驻村、对口支援等挂职锻炼，参与疫情防控、防汛抗灾等急难险重任务，推动领导干部特别是优秀年轻干部下基层常态化、制度化，不断涵养忠诚、干净、担当的优良作风。

坚持建章立制、常态长效。把建章立制作为传承弘扬"四下基层"优良作风制度化、规范化的重要保障，强化"四下基层"各项制度建设。福建先后制定出台《关于推进领导干部"四下基层"工作的意见》《省级领导"四下基层"工作制度》《关于深化领导干部"四下基层"工作 切实走好新时代党的群众路线的意见》，推动形成常态化长效化工作机制。注重接续传承，把大力弘扬"四下基层"优良作风贯穿于推动经济社会发展全过程各方面，创新实践载体，深化教育实践，引导广大党员干部在深化理论学习、深入调查研究中传承好、弘扬好"四下基层"优良作风。

三、"四下基层"的深刻启示

"四下基层"是习近平总书记在福建工作期间坚持党的群众路线的生动写照，是福建各级党组织做好群众工作的"金钥匙"。我们要深入学习贯彻习近平总书记重要讲话重要指示批示精神，切实把握好"四下基层"蕴含的马克思主义立场观点方法，推动深化运用"四下基层"常态长效，在中国式现代化建设新征程上不断取得新成效。

把坚持党的领导作为根本保证，密切党群干群关系，形成推动发展的强大合力。习近平总书记指出，党的领导凝聚建设中国式现代化的磅礴力量。我们党深刻认识到中国式现代化是亿万人民自己的事业，人民是中国式现代化的主体，必须紧紧依靠人民，尊重人民创造精神，汇聚全体人民的智慧和力量，才能推动中国式现代化不断向前发展。"四下基层"架起了干部与群众之间的"连心桥"，凝聚了党团结带领群众干事创业的澎湃力量。新征程上，必须推动党员干部把"四下基层"优良作风内化于心、外化于行，始终坚持和加强党的领导，充分发挥党的群众组织力，把广大基层群众组织起来、动员起来、凝聚起来，充分激发人民群众的积极性、主动性、创造性。

把坚持为民造福作为最大政绩，深入践行以人民为中心的发展思想，切实解决群众急难愁盼问题。"四下基层"坚持以民为本，形成察民情、重民意、集民智、解民忧的系统章法。江山就是人民，人民就是江山。只有牢固树立和践行为民造福的正确政绩观，牢记全心全意为人民服务的根本宗旨，把心贴近群众，才能充分了解老百姓的真实感受、体会老百姓的安危冷暖，进而有的放矢地增进民生福祉，才能创造经得起实践、人民、历史检验的实绩。新征程上，要坚持把人民放在心中最高位置，不务虚功，深入基层、深入群众，在基层一线倾听群众的愿望和呼声，对攸关群众切身利益的大事小情做到事事有回音、件件有着落，让群众真切感受到党和政府的温暖。更好运用法治思维和法治方式维护群众利益，建立定期研究解决基层和群众反映的突出问题的机制，使群众真正得到实惠，切实做到为官一任、造福一方。

把加强基层治理作为重要着力点，推动力量下沉，提升基层治理效能。 习近平总书记强调，基层治理和民生保障事关人民群众切身利益，是促进共同富裕、打造高品质生活的基础性工程，各级党委和政府必须牢牢记在心上、时时抓在手上，确保取得扎扎实实的成效。"四下基层"直面基层实际、把握群众需求，把更多的资源、服务、管理下沉，推动把工作做到老百姓的心坎上，办更多造福群众的实事。新征程上，要突出大抓基层的鲜明导向，把基层作为服务群众的主战场，解决好基层最关心最直接最现实的利益问题，夯实基层基础，健全党组织领导的基层治理体系，推动人力物力、资源要素进一步向基层下沉，真正打通联系服务群众的"最后一公里"。

把党的群众路线作为根本工作路线，增强群众工作本领，尽心竭力为群众服务。 群众路线是我们党的生命线和根本工作路线。我们党联系群众、宣传群众、武装群众、团结群众、依靠群众，以自己的模范行动，赢得人民群众真心拥护和支持。"四下基层"有力促进密切联系群众、化解基层矛盾，推动强化党与人民群众的血肉联系。新征程上，面对艰巨繁重的发展任务，必须坚持从群众中来、到群众中去，自觉以群众为镜、拜群众为师，充分尊重人民群众的首创精神，紧扣时代要求创新群众工作方法。既要到工作局面好和先进的地方去总结经验，又要到困难较多、情况复杂、矛盾尖锐的地方去研究问题，特别是要多到群众意见多的地方去，既听群众的顺耳话，也听群众的逆耳言，真正把群众面临的问题发现出来，把群众的意见反映上来，把群众创造的经验总结出来。

把坚持问题导向作为重要工作方法，善于抓重点、抓关键，紧抓不放、一抓到底、抓出成效。 习近平总书记多次强调，必须坚持问题导向，增强问题意识，敢于正视问题，善于发现问题。坚持问题导向，突出重点，精准施策，才能有效解决基层的重点难点问题。"四下基层"是坚持问题导向、研究解决与群众利益相关的突出矛盾和问题的重要工作方法。新征程上，要把坚持问题导向作为重要的工作方法，瞄着问题去，追着问题走，把化解矛盾、解决问题作为履职尽责的第一要务，打破思维定势和行为惯性，谋划撬动性强的工作抓手，增强政策的组合性协同性有效性，抓好基层重点领域、关键环节和突出问题，以钉钉子精神紧抓不放。

把改进工作作风作为重要保障，弘扬新风正气，以优良党风政风带动全社会团结奋进。广大党员干部通过践行"四下基层"，充分展示了为民务实、踏实干事、不谋私利、清正廉洁的良好形象。事实证明，只有把心思用在工作上、用在为人民服务上，才能把工作做到位，才能取信于民。新征程上，要传承弘扬"四下基层"优良作风，推动党员干部既身入基层又心到基层，真抓实干、埋头苦干，以"抓铁有痕、踏石留印"的干劲、"滴水穿石、久久为功"的韧劲推动工作落实。要严格落实中央八项规定及其实施细则精神，以良好党风政风带动形成良好社风民风，为全面建设社会主义现代化国家、以中国式现代化全面推进中华民族伟大复兴凝聚团结奋斗的力量。

（中共福建省委 《求是》2023 年第 21 期）

"四下基层"的哲学意蕴和文化底色

"四下基层"既蕴含着深厚的马克思主义哲学意蕴，又彰显出中华文化和中国精神的鲜明底色。35 年来，这一工作方法和工作制度不断被学习推广、深化运用，展现出跨越时空、历久弥新的实践伟力。坚持好、运用好贯穿于"四下基层"中的立场观点方法，对于走好新时代群众路线具有重要意义。

一、"四下基层"蕴含深厚的哲学意蕴

"四下基层"坚持马克思主义立场观点方法，蕴含着深厚的马克思主义哲学意蕴。

坚定的人民立场。唯物史观认为，人民群众是历史的真正创造者和社会发展的决定性力量。我们党的事业是为人民谋幸福的事业，也是必须紧紧依靠广大人民群众才能完成的事业。"四下基层"坚持"在人民群众中，我们到底是沧海一粟"的观点，反对那种"习惯于居高临下发号施令"的官僚主义作风，强调只要与群众赤诚相见、结友交心，"我们的工作就会越做越好，我们的事业就会兴旺发达"。"四下基层"秉持人民至上的价值立场，强调紧紧依靠人民群众的工作理念，体现出鲜明的人民性。

鲜明的实践取向。在人的认识活动中，实践具有决定性作用。实践的观点"是辩证唯物论的认识论之第一的和基本的观点"。领导的水平

来自对客观规律的认识和掌握，这种规律"蕴藏在广大群众的实践中"，只有"眼睛向下"才能获得真知。在福建宁德工作期间，习近平同志大力倡导"行动至上"，经常扑下身子、沉到一线，深入基层和边远地区接访群众、现场办公，协调解决涉及当地发展和人民群众急难愁盼问题，在实践中逐渐探索形成"四下基层"的工作方法和工作制度。这一工作方法和工作制度既来自实践又指导实践，既接受实践检验又随着实践不断发展完善，是实践与认识辩证运动规律的生动写照。

科学的思维方法。唯物辩证法的一系列范畴和规律，不仅科学揭示了世界的本来面目和发展规律，而且为人们认识和改造世界提供了基本方法。"四下基层"坚持客观、发展、全面、系统的观点看问题，在客观分析矛盾、准确研判矛盾中抓住关键、找准重点，是坚持唯物辩证法的科学工作方法和工作制度。在福建宁德工作期间，习近平同志运用量变质变规律，提出"滴水穿石"的脱贫理念；将"两点论"和"重点论"相统一原则运用于推动党的路线、方针、政策下基层。"四下基层"认为理论宣传既要广泛持续地在面上推动，更要精准把握基层群众的特点和需求；强调宣传党的农村政策、帮助加强基层党建、调查研究、经验总结、工作指导同样是办实事，体现出高超的辩证思维能力。

二、"四下基层"彰显鲜明的文化底色

以大历史观的视角审视，"四下基层"不仅内蕴深厚的马克思主义哲学意蕴，而且凝结着中华民族千百年来的思想智慧，彰显了中国共产党人独有的精神气韵。

对中华优秀传统文化的传承发展。习近平同志在探索"四下基层"的过程中，充分汲取了中华优秀传统文化的智慧力量。在福建宁德工作

期间，他结合唐朝陈子昂的"圣人不利己，忧济在元元"，宋朝苏辙的"去民之患，如除腹心之疾"，明朝张居正的"治政之要在于安民，安民之道在于察其疾苦"等经典论述，阐明领导干部体民情、纾民困、解民忧的重要性。他多次讲述古代文豪冯梦龙在宁德寿宁为官的故事，认为古时候的贤明县官尚且还有击鼓升堂、为民申冤的，我们不应该"成天忙于开会"。可以说，"四下基层"在工作理念上汲取了中华优秀传统文化的丰厚滋养，并对其进行了创造性转化、创新性发展，其所展现出的为民情怀、求是态度、实干精神与中华民族的文化基因一脉相承，与人民群众日用而不觉的价值观彼此契合、相互贯通。正因如此，才使得这项为民利民的工作方法和工作制度能够历久弥新、不断丰富发展。

对中国共产党光荣传统和优良作风的守正创新。"理论和实际相结合""密切联系群众"等光荣传统和优良作风，是我们党区别于其他政党的显著特征。在福建工作期间，习近平同志曾指出："在地方工作的同志，如果能将理论高度与实践深度有机地结合起来，就能更好地做好领导工作。"事实上，习近平同志一到宁德就开展了为期一个多月的"闽东九县调研"，并在此基础上形成了"摆脱贫困"的工作主线，提出了"弱鸟先飞"的工作思路。他到福州任职不久，就倡导推动"四个万家"活动，大力倡导"马上就办、真抓实干"的工作作风，探索"一栋楼办公"的工作方法。可以说，在福建工作期间，习近平同志始终把"四下基层"作为理论联系实际、密切联系群众的重要抓手，并留下"三进下党""七下晋江"等感人故事，这一工作机制也在实践中得到丰富发展和深化运用。因此，"四下基层"是我们党践行群众路线的一个伟大创造，是对我们党光荣传统的守正创新。

三、在"四下基层"中走好新时代党的群众路线

"四下基层"既明确了"过河"的任务，又指导解决了"路"和"桥"的问题，在实践中表现出强大的生机活力。第二批主题教育直接面向基层和群众，需要解决的问题更复杂更具体，必须充分运用好"四下基层"这一传家宝。

坚持学深悟透，系统掌握"四下基层"的科学世界观和方法论。"四下基层"的精神内核与习近平新时代中国特色社会主义思想的世界观和方法论一脉相承、高度契合。传承弘扬"四下基层"优良作风，首要任务是学深悟透蕴含其中的科学世界观和方法论。在"深化"上下功夫，深入把握"四下基层"的理论逻辑、历史逻辑和实践要求；在"内化"上下功夫，把"四下基层"所蕴含的人民至上、问题导向、系统观念等立场观点方法，内化为广大党员干部的价值追求、思维方式和行为准则；在"转化"上下功夫，把"四下基层"转化为科学决策、化解矛盾、推动工作、改进作风的重要抓手。

坚持重心下沉，在深入一线、深入基层中改进作风、淬炼本领。强国建设、民族复兴是一项伟大而艰巨的事业，必须凝聚起亿万人民的非凡之智、磅礴之力。广大党员干部要把"四下基层"作为锤炼党性的重要载体，站稳人民立场，坚持群众观点，践行群众路线，始终保持共产党人的政治本色；把"四下基层"作为改进作风的重要途径，主动"放下架子""打掉官气"，跳出"文山会海"，切实增强"下基层"的主动性；把"四下基层"作为淬炼本领的重要方式，在"基层"大熔炉中积累经验、增长才干。

坚持实践第一，在发现问题、破解难题中赢得群众、造福人民。基层是人民群众生产生活的直接发生地，也是问题矛盾的源头。在"四下

基层"中走好新时代党的群众路线，应敢于发现问题、正视问题，不怕揭短亮丑，摸清找准真问题，重点抓住基层群众最关心的焦点难点问题；坚持实践第一、行动至上，在发现问题的基础上找到破解难题的方法；坚持目标导向、结果导向，切实把"四下基层"的过程转变成推动高质量发展、打造高品质生活的过程。

（李瑞德、潘玉腾 《光明日报》2023 年 12 月 15 日第 6 版）

用好"四下基层"这一"传家宝"

1988 年 12 月 20 日，福建宁德首次"地、县领导接待群众来访日"活动在霞浦县举办，时任宁德地委书记的习近平同志带头接待了 102 名上访群众；随后，习近平同志亲自制定了领导干部下基层巡回接待群众来访制度，并在 1988 年底的地委工作会议上提出改进领导作风。后来，这个提法具体化为"四下基层"。

"四下基层"源自实践又指导实践。问渠那得清如许，为有源头活水来。虽然"四下基层"是习近平同志在闽东贫困落后的时代背景下提出来的，与党的十八大以来提出的许多新论断新要求却是一脉相承、一以贯之的。从当时要求闽东干部"到农村去宣传党的农村政策"，到后来要求各级领导干部"要亲力亲为，既做实干家，又做宣传家，带头宣讲""让党的创新理论'飞入寻常百姓家'"；从指出"开展调查研究，解剖麻雀，总结经验，以指导面上的工作，同样是办实事"，到强调"开展调查研究就是走群众路线""要在全党大兴调查研究之风"；从指出"信访工作的首义，在于时刻把自己看成人民中的一员，把心贴近人民"，到强调"信访是送上门来的群众工作"；从提出"地县领导到基层去现场办公"，到强调"要真正沉下去，扑下身子到村里干，同群众一起干"；等等。35 年间，变的是时空，不变的是初心和使命。"保持党的先进性和纯洁性、巩固党的执政基础和执政地位靠什么？最重要的就是靠坚持党的群众路线、密切联系群众"，而"四下基层"就是对坚持党的群众路线的继承和创新。

35 年实践传承，35 年历久弥新。宁德历届党委、政府始终秉承"四下基层"的优良传统，用好用足独特资源和宝贵财富，不断推动"四下基层"走深走实。特别是这几年，先后制定出台深化落实"四下基层"工作制度、走好新时代党的群众路线等系列文件，并通过创新开展年轻干部"四下基层"、"习爷爷在宁德的故事"进校园等特色活动，创新建立理论宣讲轻骑兵、学习大军等特色载体，着力打造霞浦县信访接待下基层实践基地、福安下岐村干部现场教学基地、寿宁下党"学习小镇"等一批特色实践基地，持续掀起"四下基层"的实践热潮、传承热潮。

立足新起点，我们坚持把传承弘扬"四下基层"工作制度，同学深悟透习近平新时代中国特色社会主义思想结合起来，同贯彻落实习近平总书记对宁德、对福建工作重要讲话重要指示批示精神结合起来，不断从"四下基层"中感悟群众路线的思想光芒和实践伟力，不断从寻根溯源中感悟人民领袖的为民情怀，不断从接续传承中感悟习近平新时代中国特色社会主义思想的历史逻辑、理论逻辑和实践逻辑，坚定拥护"两个确立"、坚决做到"两个维护"。

"四下基层"根植人民又造福人民。人民性是"四下基层"工作制度的本质属性。之所以具备这一属性，归根到底是习近平同志作为这一制度的设计者、开创者、践行者，始终把人民放在心中最高位置，以百姓心为心，把心贴近人民。在宁德工作期间，习近平同志大力提倡干部苦练"密切联系群众"这个基本功，带头"四下基层"走村串户、访贫问苦。最让人印象深刻的是，习近平同志带队乘车 5 小时、步行 4 小时，深入当时全省唯一无公路、无自来水、无电灯照明、无财政收入、无政府办公场所的"五无乡"下党乡，帮助群众修建公路，解决通电照明、改善办公条件等问题；随后，他又两次到下党调查研究、现场办公，成为闽东老少口口相传的感人佳话。2019 年 8 月 4 日，习近平总书记在给下党乡的乡亲们回信中，还提到"当年'三进下党'的场景，我至今还历历在目"。为广大党员干部践行"四下基层"工作制度、走好新时代党的群众路线树立了光辉榜样。

这些年，宁德始终把"四下基层"的落脚点放在解决群众的急难愁盼问题上，采取"基层出题、领导答题"的形式，由市县领导牵头，对照"任务清单"一线实地调研、分类分层解决。特别是围绕做好信访这一"送上门的群众工作"，深入开展开门接访、进门约访、登门走访、上门回访"四门四访"活动，进一步畅通民意"直通车"，有效化解群众矛盾；持续推动优势资源下沉，通过制定出台支持少数民族乡村振兴"5条措施"、老区基点行政村乡村振兴"7条措施"、海岛振兴"9条措施"等系列政策，让干部把政策和资金送下去，把好事实事办到群众的心坎上；着眼满足孩子们在家门口"上得了学""上得好学"的需求、产业发展对技能人才的需求、群众就地就近就医需求、老年人多样化健康养老需求等"四个满足"，滚动实施年度为民办实事项目、"十个十"民生项目、城市品质提升工程等，让群众的获得感和幸福感更加充实。

新征程上，我们坚持用好"四下基层"这一"传家宝"，主动倾听人民心声、顺应基层期盼，始终与群众站在一起、想在一起、干在一起，用心用情解决好人民群众最关心、最直接、最急需的现实问题，切实增进民生福祉。

"四下基层"着眼实干又着力实干。"四下基层"着眼于"下"，但"下"只是一种形式，关键在"下"而有为、"下"而有效。习近平同志在宁德工作时指出，"我不主张多提口号，提倡行动至上"，"我们需要的是立足于实际又胸怀长远目标的实干，而不需要不甘寂寞、好高骛远的空想；我们需要的是一步一个脚印的实干精神，而不需要新官上任只烧三把火希图侥幸成功的投机心理；我们需要的是锲而不舍的韧劲，而不需要'三天打鱼，两天晒网'的散漫"。他不仅这样说，也是这样做的。1988年6月，习近平同志一到闽东上任，就身体力行走遍了闽东9个县，在反复调查研究的基础上形成了《弱鸟如何先飞——闽东九县调查随感》一文，并开创了"弱鸟先飞、滴水穿石""靠山吃山唱山歌，靠海吃海念海经""农业、工业'两个轮子'一起转"等一系列重要理念和重大实践，带领闽东人民矢志摆脱贫困，用两年时间彻底结束了闽东"一方水土养不活一方人"的历史。

用历史映照现实、远观未来。宁德30多年的发展变化，充分印证了"四下基层"是务实的理论、行动的理论。多年来，宁德坚持以"四下基层"为抓手，引导广大党员干部扑下身子、争先作为，用"走心"换"民心"，变"会场"为"现场"，以"实干"求"实绩"，干成了海上养殖综合整治、中心城市水系综合治理、农村小水电治理、互花米草整治等一批难事要事；接连抱上宁德时代、新能源科技、上汽、青拓、东南铜业等"金娃娃"，吸引200多家上下游企业落地宁德，打造出锂电新能源、新能源汽车、不锈钢新材料、铜材料等4个具有国际竞争力的产业地标，使宁德成为全国首批产业链供应链生态体系建设试点城市，动力电池集群入选国家先进制造集群，不锈钢新材料产业园跃升国家新型工业化产业示范基地。在这一过程中，我们还通过大干晴天、抢干阴天、巧干雨天、干好每一天，创下了中铝铜冶炼基地17个月点火试车建成、上汽宁德基地14个月试产和宁德时代福鼎基地当年签约、当年投产等项目领域的"宁德速度"。如今，宁德已经从"老少边岛贫"地区，变成福建省高质量发展的新增长极，近4年经济增速连续领跑全省，经济总量从全省第9跃升至全省第5、跻身全国百强；今年一季度，国内生产总值增长10.8%，位居全国百强城市首位。

面向未来，必须持之以恒深化落实"四下基层"工作制度，进一步引导广大党员干部坚定"下"的决心，拿出"下"的行动，真正"身"入基层、"心"入基层，做到问题在一线解决、服务在一线跟进、责任在一线落实，一棒接着一棒干，一张蓝图绘到底，努力在比学赶超、苦干实干中闯出一片新天地、干出一番新业绩。

"四下基层"立足时代又回应时代。"四下基层"工作制度，深刻揭示了"治国安邦，重在基层；管党治党，重在基础"。不论是宣传党的路线、方针、政策下基层，调查研究下基层，还是信访接待下基层，现场办公下基层，每一项都强调从基层找到凝聚人心、解决问题、推动工作的金钥匙。从这个维度看，我们就能更加深刻理解习近平同志在宁德工作时，为什么强调"建设好农村党支部，增强党组织的凝聚力，加强脱贫第一线的核心力量"，带头建立基层党建工作联系点和扶贫挂钩联系点；我们就能更加深刻理解党的十八大以来，习近平总书记为什么强调"基层是党的执政之基、力量之源""把基层党组织建设成为有效实现党的领导的坚强战斗堡垒"，组织修订《中国共产党农村基层组织工作条例》，制定《中国共产党支部工作条例（试行）》《中国共产党党员教育管理工作条例》等，要求全党"坚持大抓基层的鲜明导向"。这就是"四下基层"这一发端于宁德的工作制度，不论过去、现在还是将来，永不过时的根本所在。

根深则叶茂，本固则枝荣。这些年，宁德坚定不移抓基层、强基础、扬优势、固基本，推动建强一线"核心力量"从脱贫攻坚向乡村振兴、社会治理全面拓展，让党旗在基层各个领域高高飘扬。特别是在全省率先出台村干部激励保障"8项机制"、教育培训"5条措施"，还选派驻村第一书记、乡村振兴指导员、科技特派员、金融助理员"一书记三大员"到村任职，并先后组织2800多名机关年轻干部到农村与群众"同吃、同住、同劳动、同调研"，不断锤炼干部能力素质、充实基层组织力量；深入开展集体经济"提质强村"三年行动，通过党支部领办合作社等方式，提升基层党组织的凝聚力、号召力，全市集体经济年经营性收入 20 万元以上的村达 62.1%，50万元以上的村达 28.8%；统筹推进农村、城市、机关、学校、医院等各领域基层党组织建设，深化实施"党建赋能强企"行动，扎实推进党建进网格"五进五强"工作，流动党员教育管理和闽浙边界党建联建等 2 个创新案例分别获评第六届全国基层党建创新典型案例最佳案例和优秀案例。

立足新的时代方位，必须始终坚持大抓基层的鲜明导向，全面贯彻落实新时代党的建设总要求，进一步把"四下基层"的过程，变为躬身抓落实、干部建新功的过程，变为积极办实事、群众得实惠的过程，努力在全社会营造重视基层、关心基层、支持基层的浓厚氛围，让"四下基层"工作制度展现出新的时代价值，焕发出新的时代光彩。

（梁伟新 《学习时报》2023 年 7 月 17 日 A5 版）

传承"四下基层" 把握"四个坚持"

"四下基层"工作制度源于实践又指导实践，是对我们党坚持群众路线这一优良传统的继承和创新，科学回答了新的历史条件下如何增进与人民群众感情、做好联系服务群众工作、解决好执政党与人民群众关系等问题，受到基层广大干部群众的热情拥护和衷心支持。

"四下基层"是联系群众、服务群众的重要渠道。随着形势发展，党的群众工作面临许多新特点、新挑战，这对贯彻群众路线提出了更新、更高的要求，需要深入做好组织群众、发动群众、依靠群众、服务群众工作。通过"四下基层"，广大领导干部深入人民群众的生产生活当中，到群众困难比较多、意见比较大的地方体察群众意愿、倾听群众呼声、关心群众疾苦，帮助老百姓解决出行、教育、就医、就业等具体问题，成为党联系群众、服务群众的重要渠道。实践证明，践行"四下基层"制度，畅通了群众利益诉求表达渠道，不仅拉近了机关与基层、领导与群众的距离，更是解民忧、惠民生的重要体现。

"四下基层"是理清思路、科学决策的现实要求。当前，我国经济社会发展呈现出一系列阶段性特征，新情况新问题层出不穷，需要在科学决策、政务透明、信息公开等方面迈出更加坚实的步伐。只有通过"四下基层"，掌握全面、真实、丰富、生动的第一手材料，真正摸清本地区本部门本单位的实际情况，真正搞清楚影响经济社会发展的突出问题，真正及时了解人民群众的所思所盼，才能真正掌握客观实际中的"实事"，做到耳聪目明、心中有数，进行科学决策。近年来，各级党委、政府作出的重大决策部署，都是在"四下基层"中了解真实情况、汇集民意民智、科学民主决策的结果。实践证明，践行"四下基层"工作制度，大兴调查研究之风，从基层群众中获取真知，是党和政府实现科学决策的基本前提和重要保证。

"四下基层"是转变作风、锤炼干部的有力抓手。实现乡村振兴，人才振兴是基础和前提。通过"四下基层"，让干部到农村一线去，与群众同吃同住同劳动，全面参与防台防汛、乡村振兴、基层治理等工作，在开展村情调查、向群众宣传政策、为群众排忧解难过程中，既加深了对党的方针政策的理解和把握，又提升了调查研究、群众工作和破解难题的能力。一大批作风正、能力强的好干部脱颖而出，成为乡村振兴的生力军和中坚力量。实践证明，践行"四下基层"工作制度，让干部在乡村一线干中学、学中干，提高做群众工作的基本功，有助于打造一支懂农业、爱农村、爱农民的高素质干部队伍，顺应群众的期盼。

"四下基层"是化解矛盾、促进和谐的有效手段。宣传党的路线、方针、政策下基层，提高了基层群众的法律意识和法治观念，使广大基层干部掌握法律知识，增强了学习、贯彻、执行政策的能力，也减少了由于素质低、工作失误引起的纠纷；调查研究下基层、信访接待下基层、现场办公下基层，化"被动"为主动，化"上访"为"下访"，边发现问题边化解矛盾，有效回应了群众的诉求，一批能解决的民生问题、初信初访及时得到解决，突出问题不断减少，群众满意率持续上升。实践证明，践行"四下基层"工作制度，健全完善了群众诉求表达和矛盾纠纷化解机制，真正做到了"把矛盾化解在基层，把问题解决在当地"，有效促进了社会和谐稳定。

"四下基层"工作制度是抓队伍、转作风、促发展，密切党群干群关系的重要载体。落实好、传承好、发扬好"四下基层"理应牢牢把握"四个坚持"。

坚持党的群众路线。"四下基层"为各级领导干部联系群众、服务群众搭建了一个很好的实践平台。坚持群众观点,站稳人民立场,把群众的事当作自己的事,实现好、维护好、发展好最广大人民根本利益,进一步密切党群关系、干群关系。改进群众工作方法,既要继承"四下基层"的好传统,又要创新群众工作方法,充分运用互联网、大数据等现代信息技术,提高调查研究的科学性和精准性。改进工作作风,多采取"四不两直"、蹲点调研等方式,深入基层一线,直接听取群众意见。积极回应群众关切,把惠民生、暖民心、顺民意的工作做到群众心坎上,让广大群众加深对党的创新理论的认同,密切党同人民群众的血肉联系。

坚持问题导向。坚持问题导向,增强问题意识,敢于正视问题,善于发现问题,真正把情况摸清、把问题找准、把对策提实。带着问题"四下基层",找出解决问题的思路、对策,避免漫无目的下基层;善于在下基层中发现问题、敢于面对问题,尤其不能先入为主,不能事先定调子,不能对问题视而不见。以解决问题为根本目的,认真查找、逐个列出问题清单,建立成果转化台账,加强对问题解决情况的督查督办和跟踪问效,切实把"四下基层"过程变成解决问题、改进工作的过程。

坚持实事求是。能不能做到实事求是,是党和国家各项工作成败的关键。通过"四下基层"弄清"实事",既听"顺耳话"又听"逆耳言",全面掌握丰富、生动的第一手材料,切实把实际情况摸实,把存在的问题摸准,把群众的所思所盼摸透。通过"四下基层"去"求是",对掌握的各方面一手材料下一番思考、分析、综合的功夫,找到解决问题的有效办法,坚决避免调查多研究少、情况多分析少、不解决问题的调查研究。坚持真理、修正错误,不唯书、不唯上、只唯实,坚决防止做表面文章，坚决反对弄虚作假行为。

坚持常态长效。"四下基层"之所以历久弥新，关键在于形成了一整套严密的工作机制，使干部下基层常态化、长效化。发挥"一把手"和领导机关的示范表率作用，一级做给一级看，一级带着一级干。严格领导干部"四下基层"流程，明确问题收集、整理、化解的责任单位、责任人、解决路径、办理时限以及如何督查落实等，让为民服务更精准、帮扶措施更有力、解决问题更高效、工作落实更到位，防止"走过场""一阵风"。结合实际、因地制宜，及时总结经验，不断丰富"四下基层"的内容、载体、形式和方式方法。把"四下基层"工作落实情况纳入年度目标责任考核和领导干部年度考核的重要内容，开展常态化专项督查及不定期督查检查，确保干部下得去、长效化。

（张成慧 《学习时报》2023 年 7 月 17 日 A5 版）

论"四下基层"的三重特质及其新时代启示

"四下基层"工作方法和工作制度在宁德孕育，它蕴含的精神内涵、价值追求，在新时代中国特色社会主义伟大实践中得到传承和弘扬。"四下基层"的现实性、人民性和整体性特质，对深刻认识和深入把握新时代大兴调查研究的实践功能、价值主张、工作方法等方面具有重要的指导价值，为不断丰富和拓展中国式现代化、实现中华民族伟大复兴提供强大的智慧支持。

一、"四下基层"的现实性特质

所谓"四下基层"的现实性特质，意指"四下基层"不是实践主体的主观臆想、主观臆造的想象活动，而是实践主体通过对客观对象世界的深入了解、全面剖析、本质把握，对客观对象世界进行革命性改造，目的在于使这种客观对象世界的发展更符合人的本质、人的本性的需要。也就是说，"四下基层"不是停留在对客观对象世界的主观把握之上的，而是要深入客观对象世界的本质性、历史性维度之中，透过现象看本质，把握事物发展的内在要求和规律指向。以此为基础，实践主体适用这一规律，准确把握事物发展的未来大势，提出相应的思想理念，进而指导乃至重建社会现实。所以，"四下基层"的社会功能不是仅仅停留在"认识世界""解释世界"的层面上，而是把"改变世界"作为"四下基层"的实践旨归。总的来看，"四下基层"之"改变世界"的实践旨归主要包括两个层面。

一是"四下基层"能规范、矫正实践主体的行为方式，增强实践主体的实践能力和拓宽视野。领导干部必须放下架子，打掉官气，主动上门，把信访工作做到基层，由此可以改进工作作风，克服官僚主义。各级领导到群众中走访，了解和熟悉他们工作和生活的状况，就可以从根本上防止这种命令主义、官僚主义的弊病。可以说，"四下基层"既是提高党员干部政治智慧、增强执政能力、激发干事创业主动性的必要途径，又是党员干部通过与人民群众相互接触、相互作用，不断加强党密切联系群众的重要渠道，还是提高领导干部担当作为的党性修养、全心全意为人民服务的公仆意识的重要法宝。

面对如何提高领导干部下基层能力和水平的问题，习近平总书记要求党员干部眼睛向下，善于从群众的实践中汲取营养，获得真知。这就要求党员干部充分了解基层情况、掌握群众意志，并按照事物发展的客观规律，制定出科学的路线、方针、政策。正如恩格斯在《英国工人阶级状况》中所指出的，调查了解工人阶级的生存境况，是"给那些认为社会主义理论有权存在的见解提供坚实的基础，为了肃清赞成和反对这种理论的一切空想和幻想"。可以看出，"四下基层"是帮助拨开人们的思想迷雾、获得理论新认识、坚定理论自信的锐利武器。

二是"四下基层"的现实性通过规范、矫正实践主体的主观世界，进而更好地"改变世界"，即促进实践主体之外的客观世界的向善发展，包括人类社会全面进步、生产方式进步发展等方面。现实本身是思想理念的产生根源，人们的存在就是他们的现实生活过程。作为一种体察民情、追求真理的工作方法，"四下基层"就是对人们的"现实生活过程"的本质性研究和把握，并在这种"现实生活"的历史性展开过程中概括、提炼、升华出新的思想理念，用以创造出更加美好的世界。

一方面，"四下基层"的工作方法以发现问题、分析问题、解决问题为导向。提倡各级领导带任务、带问题深入基层，解剖麻雀，有利于把问题解决在源头，把矛盾消弭在萌发状态。也就是说，"四下基层"既是提高领导机关办事效率、增强办事精准性的重要途径，也是促进领导干部解决发展中的问题、矛盾、困境的有效方法。2021年9月，习近平总书记在中共中央党校（国家行政学院）中青年干部培训班开班式上的重要讲话中结合自己在福建工作的经历，深入阐述了调查研究对制定科学的政策、提高人民生活品质的重要性："我在福建工作时，针对福建是林业大省、广大林农却守着'金山银山'过穷日子的状况，为解决产权归属不清等体制机制问题，推动实施了林权制度改革……我认为，林权改革关系老百姓切身利益……我们抓住'山要怎么分'、'树要怎么砍'、'钱从哪里来'、'单家独户怎么办'这4个难题深入调研、反复论证，推出了有针对的改革举措，形成了全国第一个省级林改文件。2008年中央10号文件全面吸收了福建林改经验。"显然，"四下基层"的历史性展开过程不仅仅是一个解决问题、化解矛盾的过程，而且是一个追求真理、发现真理、践行真理的过程。

另一方面，"四下基层"的关键是在深入把握现存世界的现存状况基础上，形成一种新的理论认识、作出新的理论概括，并将这种理论新认识指导新实践，解决新问题，最终使这种新理论、新理念成为现实。关于这一问题，马克思在《关于费尔巴哈的提纲》中有着深入的思考和系统阐述，提出了检验思想理念的标准问题，"人的思维是否具有客观的真理性……是一个实践的问题。人应该在实践中证明自己思维的真理性，即自己思维的现实性和力量"。只有符合客观实际的思想、观念、决策、谋略，才能够真正、精准地切中客观对象世界和社会现实，并对之进行有的放矢地改造，推动事物朝着合规律性、合目的性的方向发展。习近平同志在宁德时，自觉深入基层调查研究，了解到当时的闽东地区极为贫困，全省经济排名位列末尾，是全国 18 个集中连片贫困地区之一。

面对这一发展困境，习近平同志在深入、系统掌握宁德地区的现实状况后，提出"滴水穿石""弱鸟先飞""经济大合唱"等一系列理念，并脚踏实地地将其运用到闽东地区经济社会建设全过程中，努力使闽东人民摆脱物质和精神贫困的境地。实践证明，习近平同志在宁德工作期间倡导的这些工作思路、理念是正确的，指引着宁德的现代化之路。有数据表明，宁德生产总值从 1988 年的 20.1 亿元增至 2021 年的 3151 亿元，一般公共预算总收入从 1.5 亿元增至 265.8 亿元，综合实力跃升至全省第 5 位，跨入全国百强城市行列，彻底扭转宁德"老、少、边、岛、贫"的历史境遇，成为福建省发展的新增长极。可见，"四下基层"不是要维持现存世界的现存状况，而是"按照事物的真实面目及其产生情况来理解事物"，最终实现对现存世界的现存状况进行深度性、革命性的革新和改善，因而，"四下基层"本质上是一种以"改变世界"为旨归的实践形式。

二、"四下基层"的人民性特质

所谓"四下基层"的人民性特质，是指它的每一环节都贯穿着以人民为中心的价值底色。事实上，马克思、恩格斯在其整个理论建构进程中，在对基层深入、全面、系统调查研究过程中，深切表达了实现"人民的现实幸福"的价值期盼。马克思在 24 岁时就完成了自己的调查研究开篇之作——《摩泽尔记者的辩护》。为了有力反驳莱茵省总督无理指责《莱茵报》的两篇文章，马克思到摩泽尔河沿岸地区进行深入调查研究，全面、细致地了解和掌握该地区人民群众生活的实际状况，"详细地分析和研究了各种材料，以无可辩驳的事实揭露了摩泽尔河沿岸地区资产阶级政府背离人民的'官僚本质'"。恩格斯作为马克思的亲密战友，也走在调查研究的路上。为了全面、准确、客观地了解和收集到广大工人阶级的生活境况，他"用了 21 个月的时间，通过亲身观察和亲自交往来直接了解英国的无产阶级"，最终撰写出《英国工人阶级状况》这篇影响广泛的调查研究名著。

可见，在马克思主义语境中，调查研究是一项"绝大多数人的，为绝大多数人谋利益"的实践活动，具有深厚的生存论意蕴，其内在规定的受益主体是广大人民群众，而不是少数人群体。因而，调查研究具有鲜明的人民性指向，调查研究下基层更是将调查研究与人民生存境遇、民族国家的前途命运相结合，彰显出深厚的人文关怀和强大的现实伟力。

"四下基层"的工作方法和工作制度，始终贯穿着以人民为中心的根本立场和价值取向，秉持的是全心全意为人民服务、紧紧依靠人民干事创业、一心一意为人民谋幸福的党的初心使命。

一方面，推进"四下基层"的工作方法和工作制度必须依靠人民群众。"四下基层"不是党员干部与人民群众相分离、相对立的单向性实践活动，而是党员干部与人民群众的双向良性互动的实践活动。马克思认为，人民群众不仅是创造历史的"剧中人"，也是创造历史的"剧作者"。习近平总书记指出："人民是历史的创造者，人民是真正的英雄。"可以说，"四下基层"作为以"改变世界"为旨趣的实践形式，是一种与人民群众生产生活深度交织融合的社会政治实践。比如，党的路线、方针、政策的宣传主体，并不仅仅局限于党员干部自身，而是必须依靠并汇聚人民群众的集体行动力，才能真正及时、有效、广泛地推动党的路线、方针、政策的精神实质、理论主张和价值主张"飞入寻常百姓家"。又如，调查研究下基层、信访接待下基层、现场办公下基层，就是要求党员干部只有打掉"官气"、放下架子，真正深入群众，与群众坐在一条板凳上促膝谈心，与群众同吃、同住、同劳动，才能了解群众想什么、盼什么、要什么，才能获取第一手的资料，做出正确的决策和判断。党的十八大以来，习近平总书记要求"当县委书记一定要跑遍所有的村，当市委书记一定要跑遍所有的乡镇，当省委书记一定要跑遍所有的县市区……虽然辛苦一点，但确实摸清了情况，同基层干部和老百姓拉近了距离、增进了感情"。可见，"四下基层"不仅是使党员干部明白自身"是什么、要干什么这个根本问题"的有效路径，还是党员干部了解人民群众疾苦、增进人民群众感情的实践典范。

另一方面，"四下基层"的最终目标是为了人民、造福于民。在马克思看来，社会生活在本质上是实践的，人类的所有实践形式都是以现实的"有生命的个人"为逻辑起点，现实的个人在实践中创造新环境的同时，新环境也为现实的个人的进步发展奠定新的基础。因而，人类的所有实践形式最终是以实现人的全面发展为价值旨归的。"四下基层"作为人类实践活动形式之一，始终把实现"现实的个人"的美好存在和美好发展视为其出发点和落脚点，"深入基层，深入群众，本身就是为人民服务的一种最直接的方法"。

领导干部在落实"四下基层"的工作方法和工作制度过程中，要始终牢记党员干部不论职务高低，都是人民的公仆，都要把群众的冷暖安危放在心上。具体来说，宣传党的路线、方针、政策下基层，既能使人民群众及时掌握党的政策主张、理论主张、价值主张，又能使人民群众监督党的政策主张、理论主张、价值主张是否符合人民群众的意愿，维护人民群众根本利益。调查研究下基层贯穿实事求是的思想路线，旨在深入掌握与人民群众、民族国家发展切身利益相关的问题，使党员干部真正深入民情、掌握民意，增强党员干部为人民群众办实事、造福人民群众的政治本领。信访接待下基层，可以摆正同群众的关系，牢固树立全心全意为人民服务的思想。现场办公下基层，可以推动党员干部把全心全意为人民服务的宗旨由观念转化为现实，而不至于使这种宗旨停留在一种价值预设与纯粹构想的境地。

由此可见，"四下基层"蕴含的价值内核，是对人的生存和发展利益的深度眷注，是一种服务于"现实的人及其历史发展"的实践活动。党员干部只有通过"四下基层"，深入了解人民群众的生存方式、生活方式和生产方式，把不符合人民群众利益的生产关系、上层建筑进行变革与改造，才能最大限度地满足人民美好生活需要，提升人民群众的生活品质。党的二十大报告要求党员干部切实"深入群众、深入基层，采取更多惠民生、暖民心举措，着力解决好人民群众急难愁盼问题"，可见"四下基层"的根本在于立足基层、深入基层、掌握基层、夯实基层、建好基层，其价值目标在于联系人民群众、发动人民群众、掌握人民群众、服务人民群众、造福人民群众，人民性构成了"四下基层"工作方法和工作制度的本质属性。

三、"四下基层"的整体性特质

所谓"四下基层"的整体性特质，意指它的每一个要素既表现为相互独立、各具特色，又表现为相互联系、相互影响而构成一个有机的整体。"四下基层"中的每一个要素、样态、形式不同，决定蕴含其中的工作思路、工作方法也是不同的。尽管如此，它们的共同之处在于都是服务于中国式现代化的发展、人类文明新形态的丰富、全体人民共同富裕的实现、中华民族伟大复兴的实现等一系列相互关联的实践目标。概括起来，"四下基层"的整体性表现为实践的整体性和效果的整体性，前者侧重于"四下基层"实践活动的过程性，后者侧重"四下基层"实践的结果性。

一方面，"四下基层"具有实践的整体性。它意味着"下基层"具有动态性、关联性、互促性的特征。首先，宣传党的路线、方针、政策下基层是前提。宣传党的路线、方针、政策下基层，就是领导干部把身子沉下基层，把心思留在一线，真心、精心、耐心、细心地把党的大政方针传递给人民群众，解读给人民群众，使人民群众从内心深处真正拥护党的领导，真正实现把党的正确主张变为群众的自觉行动。可以说，宣传党的路线、方针、政策下基层从"声边"到"身边"，生动体现了始终聚力于民的独特优势。

其次，调查研究下基层是核心。调查研究具有统摄性、基础性的作用，是党员干部制定出党的路线、方针、政策的基础性条件。毕竟，党的路线、方针、政策作为一种以观念形态和理论形态存在的形式，是党员干部在充分、深入调查研究基础上，获得的一种真理性认识的深刻体现。"调查研究，是对客观实际情况的调查了解和分析研究，目的是把事情的真相和全貌调查清楚，把问题的本质和规律把握准确，把解决问题的思路和对策研究透彻……既要调查机关，又要调查基层；既要调查干部，又要调查群众；既要解剖典型，又要了解全局；既要到工作局面好和先进的地方去总结经验，又要到困难较多、情况复杂、矛盾尖锐的地方去研究问题。"调查研究所涉及的调查对象、调查内容是全方位与多领域的，深刻"体现了始终问计于民的科学方法"。

再次，信访接待下基层是关键。信访接待下基层要求地、县、乡三级全部建立信访接待日和信访接待下基层制度，打造条块结合、分级负责、按职能解决问题和困难的信访接待网络。实际上，信访接待下基层也是一种反馈机制或评价机制。习近平总书记指出："时代是出卷人，我们是答卷人，人民是阅卷人。"在现实实践中，人民群众通过对党的路线、方针、政策落实情况进行"阅卷"，采用信访等方式提出相关意见建议，进而推进党的路线、方针、政策更好地开花结果。例如，1988年12月，首次"地、县领导接待群众来访日"活动在霞浦县举办，习近平同志参加了这次活动，同来访群众面对面对话，在对话过程中，倾听人民群众的反馈意见、问题困难，受理群众问题，未能当场答复解决的问题要求相关部门在一个月内处理完毕。可见，信访接待下基层是调查研究工作方法的一种重要表现形式，有助于使党员干部变"坐诊"为"出诊"，生动体现了始终心系于民的真挚情怀。

最后，现场办公下基层是保障。现场办公旨在及时解决问题、化解矛盾，使党的路线、方针、政策高质量地落地生根。讲求实效、多办实事，在解决问题上下功夫，党员干部必须通过现场办公的形式，及时协调解决。地县乡领导和各职能部门的负责人三级联动，一起参加接待。对群众反映的问题进行"三堂会审"，该由某一部门办的事，当即明确由某一部门办理；对涉及几个部门的问题，在接待日领导的协调和督促下，也能各司其职，及时办理，避免了推诿和扯皮的现象。因此，现场办公下基层也构成了调查研究工作方法的重要方面，有助于党员干部更为及时、精准地捕捉到问题，并及时将问题解决。可以看出，"四下基层"中的每一环节都相互关联、相辅相成，呈现出一幅普遍联系的实践图景。

另一方面，"四下基层"具有效能的整体性。这意味着"四下基层"所要取得的最终成效是"1加1大于2"的。"四下基层"中的每一个要素在实践过程中有其自身的功能定位和效能指向，他们在各司其职的同时，相互补充、相得益彰，最终形成最佳的整体性效能。具体来说，宣传党的路线、方针、政策下基层的实施效果，表现为它能够真正使人民群众掌握理论，理论只要为人民群众所掌握，就能不断丰富和涵养人民群众的精神世界，也能转化为人民群众改变世界的物质性力量和强大的动力源。调查研究下基层的实施效果，表现为它不仅能使领导干部深入基层，发现问题、分析问题、解决问题，而且能使党员干部最大化地避免陷入主观主义、经验主义陷阱中，进而在最大程度上有效规避决策、规划的失误，为制定科学、可行的战略计划提供前瞻性指导。

信访接待下基层的实施效果，表现为它不仅能进一步密切党群关系，增强党和群众的凝聚力、团结力，而且能及时精准地解决一批信访重点、难点问题，维护社会稳定，畅通群众参政、议政的渠道，推动党风廉政建设。因此，信访接待下基层不仅能够巩固党的执政地位，而且能够改进党的工作作风。2023 年 3 月，中共中央、国务院印发的《党和国家机构改革方案》中提出要组建中央社会工作部，并把统筹领导信访工作纳入其工作职能中，这是有效解决国家与社会中间环节脱节的重要的体制创新。实际上，统筹领导信访工作作为中央社会工作部的重要职能，就是对习近平同志在宁德工作期间提出的"四下基层"中的信访接待下基层的新时代运用和升华，由此进一步把"四下基层"中的信访接待下基层这一工作方法在社会建设领域中的作用和地位更加凸显出来，有助于真正打通中央到地方的"最后一公里"，进而更加深刻展示了"四下基层"中的信访接待下基层这一工作方法的价值魅力和真理伟力。现场办公下基层的实施效果，表现为它不仅能使领导干部做到心中有民、心中有责，还能有效凝聚起党员干部的思想合力、行动合力。可见，"四下基层"的每一个要素功能各异，但它们之间能相互渗透、相互优化，最终形成最优的效能合力值。

四、"四下基层"的三重特质对新时代大兴调查研究的启示

"四下基层"的工作方法和工作制度有一个共同的实践底色，那就是"下基层"。在马克思主义语境中，"下基层"是实践主体深入基层一线对客观对象世界进行有目的有计划地考察、分析和研判，通过加深对客观对象世界的认识，找出其既有的乃至未来存在的问题。因此，"下基层"的本真指向是对现存事物的客观状态的考察和剖析，探寻破解其可能、可行之道，进而推动客观事物的系统性变革、整体性改善。尽管"四下基层"的每一个要素及其功能各具特色，但它们所蕴含的思想原理、精神实质和价值期待是内在一致的。习近平同志大力倡导并身体力行的这一工作方法和工作制度在宁德孕育和实践，并在新时代中国特色社会主义伟大实践中得到了传承和弘扬。

调查研究不仅是一种工作方法，而且是关系党和人民事业得失成败的大问题。调查研究是中国共产党的传家宝，是做好一切工作的基本功，是获得真知灼见的源头活水。习近平总书记指出，"没有调查就没有发言权，没有调查就没有决策权"，"正确的决策离不开调查研究，正确的贯彻落实同样也离不开调查研究"。因此，调查研究工作方法具有根基性、基础性的作用。党的二十大报告指出，"弘扬党的光荣传统和优良作风，促进党员干部特别是领导干部带头深入调查研究"。2023年3月，中共中央办公厅印发的《关于在全党大兴调查研究的工作方案》中系统、深入地阐述了新时代在全党大兴调查研究的重要意义、总体要求、主要内容、

方法步骤等内容。同年4月，习近平总书记在学习贯彻习近平新时代中国特色社会主义思想主题教育工作会议上指出，以深化调查研究推动解决发展难题。新时代在全党大兴调查研究是对"四下基层"的当代延续和深入发展，而"四下基层"的三重特质则对深化新时代大兴调查研究具有重要的启示意义。

（一）"四下基层"的现实性特质，为新时代大兴调查研究的实践功能指明正确方向

"四下基层"的现实性特质，充分展现出实践主体对必然的把握。"四下基层"的现实性，归根到底就是要实现两个层面的变革和指引。一是通过"四下基层"的实践活动，不断巩固党的执政基础和执政地位，这就涉及共产党执政的纯洁性、先进性、引领性的方面。二是通过"四下基层"的实践活动，不断推进中国式现代化事业取得新突破。由此看出，"四下基层"的现实性特质具有鲜明的革命性、创造性指向，为新时代大兴调查研究提供了重要借鉴。

新时代提出大兴调查研究，实际上是对"四下基层"的现实性特质的时代传续和丰富发展。一方面，要以大兴调查研究为实践载体，深入推进党的自我革命。自我革命是马克思主义政党的本质属性，是中国共产党的最大优势。在新民主主义革命时期，以毛泽东同志为核心的党的第一代中央领导集体，历经艰苦的调查研究和革命实践，找到了中国共产党跳出历史周期率的第一个答案，即人民监督政府。中国共产党历经百年的调查研究尤其是党的十八大以来的新实践，找到跳出治乱兴衰历史周期率的第二个答案，即党的自我革命。可见，要以全党大兴调查研究为契机，系统、全面推进党的自我净化、自我完善、自我革新、自我提高，使我们党坚守初心使命。中国共产党成立百余年来，坚持把调查研究工作方法与加强自身执政能力建设统一起来，从精神、能力、作风等方面真正"硬"起来，进而确保党始终成为中国特色社会主义事业的坚强领导核心。另一方面，要以大兴调查研究为实践方法，推进中国式现代化新发展新突破，进而努力创造一种更加先进、优良的人类文明新形态。新时代大兴调查研究，归根到底是以问题为导向的实践活动。要用好调查研究这一"传家宝"来解决中国式现代化进程中遇到的新问题新矛盾新难点，找到破解问题、矛盾、难点的新办法新思路新方案。辩证处理好以下几对关系，即事物全局和事物局部、事物当前和事物长远、事物宏观和事物微观、事物主要矛盾和事物次要矛盾、事物特殊性和事物一般性的关系，以此为基础，深入把握中国式现代化的本质和规律。可以看出，在新时代中国特色社会主义语境中，大兴调查研究的现实性指向，就是要不断破除中国式现代化发展进程中面临的难点、痛点和堵点，为实现中华民族伟大复兴，注入强劲有力的知识力量。

（二）"四下基层"的人民性特质，为新时代大兴调查研究的价值追求明确坚定立场

"四下基层"实践活动，具有深厚的历史唯物主义世界观和方法论根基。人民性是马克思主义的本质属性。在马克思看来，历史的活动不是少数精英群体的活动，而是"群众的活动"，随着历史活动的纵深推进，群众队伍也必将随之逐渐壮大，在此意义上，深刻诠释了"四下基层"是"为了谁"的根本问题。"四下基层"在社会主义伟大实践的框架中展开的，因而决定了蕴含其中的每一环节都必然包含并贯穿着人民的元素，让人民真正成为历史和时代的主人。因此，"四下基层"的工作方法，归根到底乃是为人民谋幸福、为中华民族谋复兴的实践活动。人民群众的革命性、创造性实践，是实现"四下基层"创新性实践的不竭源泉。可以说，"四下基层"是对我们党坚持群众路线这一优良传统

的继承和发展，科学回答了新时代新征程上如何增进党员干部与人民群众的感情、做好联系服务人民群众工作、解决好执政党与人民群众关系等一系列问题。

"为了谁"是新时代大兴调查研究必须回应的价值关切，关乎新时代大兴调查研究的价值取向、评判标尺等问题。党的十八大以来，以习近平同志为核心的党中央提出以人民为中心的发展思想，坚持人民至上的价值理念，是对全心全意为人民服务这一根本宗旨的时代性表达。在现实实践中，习近平总书记不仅把新时代大兴调查研究这一工作方法与提升党自身能力建设结合起来，而且把新时代大兴调查研究作为不断满足人民美好生活需要的关键路径。

一方面，新时代大兴调查研究要坚持汇民意的实践主题。民意即人民诉求、人民期待，同时民意中蕴含着人民的智慧、人民的智识。新时代新征程上，大兴调查研究要始终"自觉问计于民、问需于民……把惠民生、暖民心、顺民意的工作做到群众心坎上，增强人民群众获得感、幸福感、安全感"。只有将广大民意汇聚起来，才能赋予新时代大兴调查研究这一实践活动以旺盛的生命力。如果忽视、漠视人民群众的经验或意见的调查研究，那么任何天才的领导者也不可能进行正确的领导，进而也不可能使调查研究成果真正归人民群众所有。

另一方面，新时代大兴调查研究要坚持解民忧的价值主题。民忧即人民群众关心、关注的问题，是表现新时代自己内心状态的最实际的呼声。在新时代中国特色社会主义语境中，大兴调查研究不是为调查而调查，也不是漫无目的、走马花光地调查，而是以"自己内心状态的最实际的呼声"为基准，并切切实实地回应和彻底解决这些"最实际的呼声"。换言之，新时代大兴调查研究的展开过程，是党员干部"从群众中来""密切联系群众"的过程，其价值目标在于"一切为了群众"，在此过程中形成了一种切实可行、人人可信、实时可为的实施方案，最终起到成就人民美好生活、推动人的全面发展的加速器和推进器作用。可见，只有在大兴调查研究中坚持问题导向的世界观和方法论，才能推动大兴调查研究逐渐向纵深处展开，也只有将大兴调查研究与问题导向紧密结合起来，实现二者良性互动、互相促进的态势，才能充分展现中国化时代化马克思主义行。

（三）"四下基层"的整体性特质，为新时代大兴调查研究的工作方法提供重要遵循

"四下基层"的整体性特质，内在折射出"下基层"是一个总体性范畴。"四下基层"实质上是一项系统性、整体性的实践活动，不是对单一领域进行调查调研，而是立足整体、大局，在坚持问题导向基础上，把"四下基层"的每一个要素下细、下深、下全，即全方面全方位把调查对象及其问题摸清、摸透、摸准，以辩证思维分析把握和厘清这些问题和矛盾的特殊性与普遍性关系、主次关系、变与不变的关系。可以说，"四下基层"蕴含深厚的辩证唯物主义世界观和方法论，为新时代大兴调查研究奠定了重要的方法论基础。

新时代大兴调查研究要坚持系统观念的世界观和方法论。人们栖居于其中的世界，"万事万物是相互联系、相互依存的。只有用普遍联系的、全面系统的、发展变化的观点观察事物，才能把握事物发展规律"。

一方面，坚持以系统观念推进新时代大兴调查研究。新时代大兴调查研究既要把握事物的重点方面，又要把握事物的整体、大局，注重调查对象要素结构的关联性、统一性，不能只见树木、不见森林。具言之，新时代大兴调查研究的重点在于始终紧紧围绕全面贯彻落实党的二十大精神、推动高质量发展这一主线，实行问题、难题、矛盾的大梳

理大排查，着力打通、彻底解决贯彻执行中的堵点淤点难点，这主要涉及 12 个方面的关联性问题，其最终的实践旨归在于推进社会主义现代化强国的实现。

另一方面，以科学的思想方法推进新时代大兴调查研究走深走实。以单一的、线性的、静止的思维方式，来开展新时代大兴调查研究必然会陷入唯心主义窠臼中，不利于获得客观、全面、有效的研究结果。党的二十大报告要求党员干部提高"战略思维、历史思维、辩证思维、系统思维、创新思维、法治思维、底线思维能力"。事实上，这些思维方法汇成了新时代大兴调查研究所要遵循的方法群。例如，战略思维要求新时代大兴调查研究，要站在统筹中华民族伟大复兴战略全局和世界百年未有之大变局的高度上，把长期目标和近期规划有机结合起来，使调查研究的成果具有前瞻性、创造性；历史思维要求新时代大兴调查研究有大历史观，既深入考察调查对象的现实维度，又深入挖掘调查对象的历史维度，将现实维度与历史维度结合起来，进而把握事物发展的大方向大逻辑；创新思维要求新时代大兴调查研究研究真问题，只有把真问题研究透，才能找出破解难题的新方案、新思路、新举措，最终形成具有普遍性的经验做法，从而更好地指导新实践；法治思维要求新时代大兴调查研究遵守相应的法律法规，尊重客观事实，不弄虚作假；等等。

每一种思维方式都有独特的功能，看似相互独立、互不相干，实际上，这些思维方式构成了一个有机联系的功能群，最大限度地指引、规范、保障新时代大兴调查研究实践活动最优化展开，进而推动客观对象世界的现存状况实现最大化改善、提升。可见，新时代大兴调查研究是一项系统性、整体性的社会工程。在现实实践中，只有坚持系统观念的世界观和方法论，才能使党员干部在调查研究过程中形成思想凝聚力、行动向心力，努力推动党和国家的经济发展、民生改善、风险防范、党的建设等各方面工作，实现历史性变革、系统性重塑、整体性重构，不断开辟马克思主义中国化时代化新篇章。

（陈书平 《东南学术》2023 年第 5 期）

"四下基层"与"两个结合"

"两个结合"，是以习近平同志为主要代表的中国共产党人从指导思想上对党的历史的总结，也包括习近平总书记对他担任梁家河大队党支部书记以来思想发展过程的总结。其中，担任中共宁德地委书记的两年，是习近平同志思想发展过程的一个重要节点。正是在这个节点上，习近平同志形成"四下基层"的优良作风，并在工作中大力倡导、身体力行，形成工作方法和工作制度。可见，"四下基层"体现了"两个结合"的基本要素。

"四下基层"从密切联系群众上，体现历史唯物论与民本观的结合

马克思主义是人民的理论。"两个结合"首先体现在对人民的认识和态度上，体现在历史唯物主义与民本观的结合上。

"四下基层"，是要让地处闽东的宁德摆脱贫困，让宁德人民过上好日子，贯穿其中的一个根本要求是干部练好密切联系群众的基本功。对于党的路线、方针、政策下基层，党的领导是通过具体的路线、方针、政策来体现的，而我们的干部是党的路线、方针、政策的具体执行者，干部只有到人民群众中去，并且同人民群众保持血肉相联的关系，才能使党的方针、政策得到更好的贯彻。对于调查研究下基层，规律性的东西，正是蕴藏在广大群众的实践中。因此，

要提高领导水平，就要眼睛向下，善于从群众的实践中汲取营养，获得真知。对于信访接待下基层，要求变被动为主动，各级领导必须放下架子，打掉官气，主动上门，把信访工作做到基层，把党的关怀和政府的济助送进普通群众的家庭。对于现场办公下基层，要求干部到基层现场着力解决群众反映的突出问题，我们不能还是习惯于过去"台上讲，台下听"的思想政治工作方法，而应当是深入家家户户，把思想工作做到每一个农民的心坎上。

"四下基层"，强调"干部苦练密切联系群众这个基本功"，以解决宁德摆脱贫困的组织领导问题。增强为人民服务的党性观念，最有效的办法就是深入基层，深入群众。在延安，毛泽东同志和黄炎培先生有一个关于历史周期率的对话，毛泽东同志认为以民主、走群众路线的新路能跳出这个周期率。习近平同志引用他们的对话后指出："毛泽东同志高度概括总结了中国共产党的理论和实践，提出了'全心全意为人民服务'这一庄严而伟大的号召，并把它作为我党的唯一宗旨写进党章之中。可见密切联系人民群众是由我们党的性质和使命所决定的，也是我们党在长期革命斗争中形成并坚持的优良传统作风。"周恩来同志在《目前抗战危机与坚持华北抗战的任务》中阐明抗日战争依靠的是民众。对此，习近平同志指出："周恩来同志早在 50 年前就告诫过全党：不怕战争失利，最怕战争失了人心！失掉民众，这是万劫不复的。"习近平同志根据马克思和毛泽东同志、周恩来同志的人民性理论，阐明密切联系群众是解决宁德贫困问题的根本力量和有效办法，也体现了党的根本宗旨。

"四下基层"，密切联系群众，也体现了马克思主义基本原理同中华优秀传统文化相结合。对于闽东文化建设，一个重要的着眼点就是要弘扬地方的传统文化。从整个国家来说，中华民族的传统文化在民族的延续和发展中起到了积极的作用。闽东的文化建设也具有同样的意义。我们有一个明确目标：通过文化建设，弘扬民族文化传统，不仅增强我们的自信心，而且提高外界对闽东的信心。习近平同志谈密切联系群众时，总要结合以民为本的传统观念进行阐述。在《干部的基本功——密切联系人民群众》中，就结合《老子》中的"以百姓心为心"，《管子》中的"政之所兴在顺民心，政之所废在逆民心"，苏辙《上皇帝书》中的"去民之患，如除腹心之疾"等，来阐述密切联系人民群众的问题。孟子是中国古代民本观念的突出代表。习近平同志对《孟子·离娄上》中的"得民心者得天下"尤为重视，在《廉政建设是共产党人的历史使命》中指出："中国有句古训：'得民心者得天下。'那么我们中国共产党人靠什么来得民心呢？靠的就是廉洁奉公，全心全意为人民服务。"在离开宁德时的临别赠言中，习近平同志引用了这样一句话："善为国者，爱民如父母之爱子、兄之爱弟，闻其饥寒为之哀，见其劳苦为之悲。"25年后，习近平总书记说，"至今，这句话依然在我心中"，要求"这句话，广大党员、干部要牢记在心"。

"四下基层"、密切联系群众所体现的"两个结合"，对习近平总书记坚持人民至上的立场、"天下为公"的胸怀的思考和实施治国理政，从历史唯物主义根基上产生重要影响。2012年11月15日，刚刚当选总书记的习近平同志庄严宣告："人民对美好生活的向往，就是我们的奋斗目标。"在回答俄罗斯记者布里廖夫关于怎样领导中国这么大的国家的提问时，习近平总书记指出："作为国家领导人，人民把我放在这样的工作岗位上，我就要始终把人民放在心中最高的位置。"在庆祝中国共产党成立100周年大会上，习近平总书记指出："江山就是人民、人民就是江山，打江山、守江山，守的是人民的心。"习近平总书记一直强调，群众路线是我们党的生命线和根本工作路线。在为中国人民谋幸福、为中华民族谋复兴的同时，习近平总书记提出构建人类命运共同体，并将"一带一路"建设作为重要平台，体现了"天下为公"的博大胸怀。在治国理政中运用中华优秀传统文化方面，习近平总书记多次引用传统观念，如"政之所兴在顺民心，政之所废在逆民心""得民心者得天下"，还有"与人民心心相印""打江山、守江山，守的是人民的心"等，都是对《老子》"以百姓心为心"的运用，体现了马克思主义密切联系群众的理论同中华优秀传统文化民本观念的结合，这是一种根基性的结合。

"四下基层"从实事求是上，体现马克思主义认识论与知行观的结合

马克思主义是实践的理论，注重实干。"两个结合"，在认识论上体现为实事求是的思想路线。

"四下基层"，一个重要方面是要掌握宁德基层的实际，解决宁德摆脱贫困的认识问题，形成正确的决策和行动。摆脱贫困首先在于摆脱意识和思路的"贫困"，只有首先"摆脱"了我们头脑中的"贫困"，才能使我们所主管的区域"摆脱贫困"，才能使我们整个国家和民族"摆脱贫困"，走上繁荣富裕之路。摆脱意识和思路的"贫困"，在认识论上就要一切从实际出发，实事求是，既不能不敢想、不敢干，也不能任意妄为、主观蛮干。

习近平总书记坚持马克思主义认识论的基本原理，阐述了为什么要坚持实事求是和怎样坚持实事求是，指出"实事求是是马克思主义的灵魂"，强调"不实事求是，不老老实实按客观规律办事的人，有时也可能捞到便宜，但最终是要碰壁吃亏的"，并立足宁德的实际情况，要求

从现实出发，发挥沿海优势，抓住机遇，组织实施沿海经济发展战略，不攀比，不消极，不蛮干，紧中求活，活中求发展。首先，坚持实践第一。习近平同志指出："我不主张多提口号，提倡行动至上。过去采取的很多有效的办法，要像接力赛一样，一棒一棒接着干下去，脚踏实地干出成效来。"并提出了发扬"弱鸟先飞""滴水穿石""久久为功"的干事创业精神，为闽东制定了"因地制宜、分类指导、尽力而为、量力而行、注重效益"的方针，脚踏实地地开展工作。其次，坚持调查研究，掌握全面的"实际"和全过程的"是"。密切联系群众的基本功包括调查研究，要求通过调查研究掌握全面的"实际"，避免从片面的"实际"出发作出错误的决策，避免解决一个问题，留下十个遗憾；通过调查研究掌握全过程的"实际"，避免把阶段性的"是"当作全过程的"是"，如果凭一点阶段性的"是"去处理无限过程的事，在认识论上要犯形而上学的错误，在实践中要犯教条主义的错误。

"四下基层"，也体现了马克思主义认识论的基本原理同中华优秀传统文化知行观相结合。习近平同志在宁德，在"知"的方面强调《论语》中讲的"知之为知之，不知为不知，是知也"，并阐明既要重视直接的知识，虚心向实践学习；也要重视间接的知识，虚心向书本学习。在"行"的方面，习近平同志重视《老子》中讲的"千里之行，始于足下""天下大事，必作于细"，强调起好步，打好基础；重视《论语》中讲的"欲速则不达""过犹不及"，强调既要有敢于闯的精神，又要克服急躁冒进；重视《管子》中讲的"不作无补之功，不为无益之事"，强调为人民办实事、做有益的事。

"四下基层"所体现的"两个结合"，对习近平总书记坚持守正创新和问题导向的方法思考和实施治国理政，从马克思主义认识论上产生重要影响。习近平总书记进一步丰富和拓展了在宁德工作时形成的对实事求是的认识，指出："坚持实事求是不是一劳永逸的，在一个时间一个地点做到了实事求是，并不等于在另外的时间另外的地点也能做到实事求是，在一个时间一个地点坚持实事求是得出的结论、取得的经验，并不等于在变化了的另外的时间另外的地点也能够适用。我们要自觉坚定实事求是的信念、增强实事求是的本领，时时处处把实事求是牢记于心、付诸于行"，强调"不同的县有着不同的资源和禀赋，要把调查研究作为基本功，深入基层、深入群众、深入实际，了解情况、问计于民"。在中华优秀传统文化知行观方面，习近平总书记重视知行合一、贵在实干的传统观念，强调"撸起袖子加油干"；反复引用"明者因时而变，知者随事而制"，强调实事求是、与时俱进。习近平总书记阐明："问题是时代的声音，回答并指导解决问题是理论的根本任务。""坚持实事求是，就要不断推进实践基础上的理论创新。"坚持问题导向和守正创新，是习近平新时代中国特色社会主义思想的一个突出特点，也是新时代中国特色社会主义的一个突出特点。

"四下基层"从普遍性与特殊性、外因与内因关系上，体现唯物辩证法与和而不同、自强不息理念的结合

马克思主义是科学的理论，揭示了人类社会发展的普遍规律，也揭示了发展的普遍性与特殊性、外因与内因的辩证关系。中华优秀传统文化的一个重要理念就是在同与异的关系上，主张和而不同；在外因和内因的关系上重视自强不息。"两个结合"，在唯物辩证法上突出体现为对普遍性与特殊性、外因与内因关系的认识。

"四下基层"，目的是要解决宁德摆脱贫困的认识和实践问题。摆脱

意识和思路的"贫困",在唯物辩证法上强调的是从宁德的特殊性出发,从发挥宁德自身的主动性、积极性上,认识和解决宁德的贫困问题。习近平同志运用唯物辩证法解决宁德摆脱贫困的问题,特别突出地体现在以下两个方面:

一是正确处理宁德发展的外因与内因的关系,以发挥自身的主动性、积极性为主,实现由贫到富的转变。习近平同志批评了依靠外援"等、靠、要"的意识,提出"扶贫先要扶志",要有"弱鸟可望先飞,至贫可能先富"的"先飞""先富"意识,指出"贫困地区完全可能依靠自身的努力、政策、长处、优势在特定领域'先飞',以弥补贫困带来的劣势";认为脱贫的组织领导者尤其要摆脱人穷志短的贫困县意识,树立终生为民的鸿鹄之志以自强;强调"脱贫越深入,农村第一线党组织的力量越要增强"。

二是摸清宁德基层的实际情况,从宁德的特殊性与全国的普遍性联结上把握自身特点,解决宁德摆脱贫困的问题。对于闽东乡村的脱贫,习近平同志指出:"要有比较明确的脱贫手段,无论是种植、养殖还是加工业,都要推广'一村一品'(即每个村都要抓一种有特色的产品)。"对于闽东乡镇企业的发展,习近平同志认为闽东的乡镇企业是在闽东山海资源的基础上,以种、养、加工起步的,要立足于"土";是为大农业服务的,要立足于"农";是在市场"夹缝"中生存与发展的,要立足于"特";闽东地处福建沿海,部分县市被列为沿海经济开放区,要立足于"外"。对于特殊性与普遍性的联结,习近平同志指出:"我们既要顾全大局,又要结合本地实情;既不能强调特殊性而不贯彻执行中央的方针,又不能搞'一刀切'。""任何部门搞'独立大队',都是违背整体战略的"。

"四下基层"中普遍性与特殊性、外因与内因关系的认识与实践,体现了唯物辩证法的基本原理同中华优秀传统文化和而不同、自强不息理念的结合。习近平同志认为，贫困县与一般县有差异互补的地方，不是事事不如人，强调"我们要把事事求诸人转为事事先求诸己"。这句话是对《论语》"君子求诸己，小人求诸人"，以及《大学》"君子有诸己而后求诸人"的运用，体现了中华优秀传统文化自强不息、靠人不如靠己的理念。

"四下基层"中普遍性与特殊性、外因与内因关系上所体现的"两个结合"，对习近平总书记坚持自信自立和系统观念的方法思考和实施治国理政，从唯物辩证法上产生重要影响。习近平同志自担任总书记的第一天起就指出"打铁还需自身硬"，后来又强调"打铁必须自身硬"。在学习贯彻党的十八大精神研讨班上的重要讲话中，习近平总书记强调："中国特色社会主义，既坚持了科学社会主义基本原则，又根据时代条件赋予其鲜明的中国特色。""我们千万不能'邯郸学步，失其故行'。我们就是把马克思主义中国化，就是搞中国特色社会主义。"强调坚定道路自信、理论自信、制度自信、文化自信，重视激发内生动力。党的二十大指出，以中国式现代化全面推进中华民族伟大复兴。中国特色社会主义、中国式现代化的中国特色的文化基因，来自五千多年的中华文明。习近平总书记多次引用的"和而不同""物之不齐，物之情也""天行健，君子以自强不息"等词句，分别出自《论语》《孟子》《周易》等。这表明习近平总书记对普遍性与特殊性、外因与内因关系的认识，不仅有深厚的马克思主义理论根源，还有丰富的中华优秀传统文化根源。

（曹应旺 《前线》2023 年第 9 期）